ちくま文庫

増補新版

いま、地方で生きるということ

西村佳哲

筑摩書房

2　九州行（福岡、鹿児島、屋久島）

扉・目次・酒井写真館　構成／デザイン　千原　航

増補新版

いま、地方で生きるということ

西村佳哲

まえがき

「いま、地方で生きるということ」と書かれた紙を目の前に置いて、三島さんはキラキラしている。２０１０年8月末の下高井戸のカフェ。相談があると連絡をもらって出かけた僕は、新しい本の話を持ちかけられていた。

本は何冊か書いてきた。でも、出版社からテーマを提示されたのは初めてのことだ。しかも書ける気がしない。

書けそうにないオーラが滲《にじ》み出ているはずなのに、彼のキラキラには衰える兆《きざ》しがない。空気を読まない人、三島邦弘《みしまくにひろ》。自由が丘のほがらかな出版社・ミシマ社の代表である。

どうしよう……と思いつつ、とりあえず「〝地方〟って」と呟《つぶや》いてみると、「そうですよね」「田舎、ってわけじゃないと思います！」と彼。「ってことは、たとえば松戸とか、東京のようで東京ではないような、周縁部の微妙な街も〝地方〟ってことか（西村）」「そうだと思います！（三島）」。ますます書ける気がしない。

結局その日は、先約の本が2冊あること。今年はそれで目一杯なので1年後になる。けどお話はありがたいし、なにか書ければ自分も嬉しい。とりあえず1年ほど念頭に置いて過ごします……と、八方美人な返答でお茶を濁して別れた。

三島さんの最後の言葉は「ありがとうございます！」で、書かれる気満々であった。

なぜ、はっきり「無理」「書けません」と断らなかったのか。三島さんおよびミシマ社が好きで、いつか書かせてもらえたら嬉しい、と思っていたことが一つ。

あとつねづね、仕事は「頼まれた時がやる時」だと考えているのも大きい。これまでの経験を振り返ってみると、重要な転換点や足がかりになった仕事の大半は、みずから目論《もくろ》んだというより、他人が「やってみない？」と振ってきたもの。しかもその瞬間は「無理！（力不足）」と感じ、頭では思わず辞退していたものが少なくない。

小さな頃読んだファンタジーで、母親に買い物を頼まれた主人公が街へ向かう。そこで不思議な店に気づいて中に入り、あるものに惹《ひ》かれる。店主が彼に話しかけてきて、君に売ってあげないこともないと言う。ポケットには母親から預かったお金がある。別の目的のお金。でもまだ少し足りない。

にもかかわらず、主人公はなんらかの条件と引き替えにそれを手に入れて、不思議な世界への扉をくぐってゆく……というお話があって今でも時々思い出す。

まだ準備ができていなくても、「その時がその時である」ということ。思考はいつも、今ここにいる自分よりほんの少し古い。

もう一つに、実は自分が、もう20年近く東京以外の暮らしの場を探していたことがあった。「地方で生きるということ」は僕のテーマでもあったのです。ほとんど誰にも話したことがないのに、なぜ三島さんは勘付くのだろう。

全国各地の気になる場所を長年訪ねて、観て回って、たいていどこも良くて。「日本はいいところだな」と。しかし、ある頃から「このままでは旅行で一生が終わってしまう」ことに気づき、人の縁を感じたある地域に絞って土地取得の交渉を試みている状況にあった。

あと1年もすればその件が進んでいるだろう。いや真面目な話そろそろなんとかしたい。東京で生まれ東京で育った都会っ子だが、2拠点居住が始まれば体験談も交えてなにか書けるようになっているかも。

そんな思いも正直に伝え、「とりあえず1年後」という話で、ひとまず三島さんとは別れたのだった。

その約半年後、宮城沖の地震と、それに伴う大きな災害が発生した。

僕はちょうど長い出張から戻って、別の編集者と2年がかりで準備していた、デザインに関する本の執筆にかかり始めたと

宮城沖の地震
2011年3月11日、三陸沖を震源地として発生したM9・0、最大震度7の地震。後に東北地方太平洋沖地震と呼ばれる。東日本の太平洋側沿岸部で、津波による大きな被害がもたらされた。

ころだった。

さまざまな被災情報や、それをめぐる人々のやり取りに目を通す時間が1日の大半になり、原稿を書く手はいったん止まった。

つい先日まで書こうとしていたことを果たして自分は書けるんだろうか？　いま書くに足ることなのか？　といった逡巡《しゅんじゅん》を抱えながらあっという間に1カ月が過ぎた。そして4月中旬、ふたたび三島さんからメールが届いた。

「いかがおすごしでしょうか？（中略）私たちは今後、城陽市《じょうようし》と自由が丘の2拠点でミシマ社を展開していく予定です。期せずして〈地方で生きるということ〉を実地で歩むことになりました。

そういうこともあり、あらためて、このテーマでの本づくりをご相談させていただけないかと思っております。ぜひ一度、お時間いただけないでしょうか」

城陽市
京都市と奈良市のほぼ中間に位置する。推計人口8万人弱。

自由が丘
東京都目黒区の南部。ミシマ社は創立以来、自由が丘にオフィスをかまえている。

震災後の三島さん、およびミシマ社の動きは逐一《ちくいち》把握していた。あの時、数日以内に、東京を離れてひとまず西日本に避難した知り合いは若い人たちに特に多く、ある人は京都へ、ある人は南阿蘇や熊本へ、ある人は日本海の島へ移動していた。

三島さんは災害発生4日後の3月15日に、社員全員と車で京都の城陽市へ。移動しながらご自分の親戚筋をあたり、たまたま空いていた一軒家に転がり込むという離れ業《わざ》をやってのけていた（この移動を経てミシマ社は京都・東京の2拠点体制に入った。現在三島さん自身は、主に以前の通り東京のオフィスで働いている）。


平時からバスが通るだけでも大揺れする古い一軒家の社屋に、度重なる余震で危機を感じたと後日話してくれたが、それだけなら京都まで行く必要はなかろう。

震災前の社内ミーティングでちょうど「動物的な感覚で動けるようでありたい」と話していて、それが行動化した感じです、とも語っていたが、移動の前日、3月14日のブログを読み返す

文庫版を編纂している2019年秋時点では、三島さんの主たる拠点は京都に移っている。

と「今は日常の仕事に集中する」とも書いている。

思い立った勢いはあるにせよ、お考えはいろいろあるはず。むしろ本は三島さんが書くほうがいいんじゃないか。

自分も再考中だった一冊をあらためて書く気持ちになり、まさに取りかかろうとしている。その執筆スケジュールが優先されるのは、彼もわかってくれるはず。今度ははっきりお断りしようと考えて、会い、話して。でも結果としてなぜか「書きます」と答えてしまった。

書ける気はいまだにしなかったけど、「書く」と決めた。


20年ほど前に友人から、ある建築家がこんなことを述べているという話を聞いて、以来忘れられずにいる。

「どんな建築をつくるか？という前に、どこで生きてゆくのか。自分が生涯を通じてかかわる場所をまず決めなさい」

建築家のあり方として、至極《しごく》当然の話だと思う。本来的に建築はその土地の素材で、その気象・文化・風土の只中《ただなか》に置かれるものをつくる仕事だから。

ただ、建築について述べているようで、この言葉には、他のことにも当てはまる普遍性が含まれている気もしていた。だから忘れられないのだろう。たとえば「どんな仕事をするか？という前に、生きてゆく場所を決めなさい」とか？

言い換えてみたものの、この投げかけの妥当性はわからない。まずは腹を括《くく》ろうとか、よりよい買い物（たとえば天職探し）をしたがる心の動きに歯止めをかけてみよう、という意味ではいただける。けど、なによりもまず住む場所を決めるべきだ、とまでは思えない。

現代の仕事は昔ほど土地に根ざしたものばかりではないし、仕事に運ばれるように住む場所を移してゆく人も多い。そうした働き方が間違っているわけじゃない。

そもそもこの言葉は出典不明で内容も不確かだ。ずっと心に残っていたけどもう手放してしまおうか。……でも、なにかひっかかるものが残る。震災後その感覚はより強くなった。働いて・生きてゆくことと、場所の関係が、どうも看過《かんか》できない。

3月11日以降の時間を通じて、「どこで暮らしてゆこう？」「どこで生きてゆけば？」ということをあらためて考えている人は、多いのではないかと思う。
一方「どこで生きていても同じだ」という気持ちになっている人も多いかもしれない。どこでも構わなくて「要はどう生きるかでしょう？」とか。

自分の中では、こうした自問と希求が絡まり合って、足場が定まらない。東京に自宅があるにもかかわらず「どこへ？」と移り住む先を探しつづけている自分が恥ずかしくさえある。いろいろ思いあぐねて、最後はやはり「東京から離れたところに場所を持ちたい」という気持ちに至るのだけど、それがなぜだかよくわからない。

なら、確かめてみようか。

原稿を待ってくれていた出版社の編集さんに相談し、〆切を少し先送りにさせていただいて、二つの旅に出ることを決めた。5月中旬に被災地を含む東北へ。つづけて5月下旬に九州と屋久島へ。

その中で、気になっている何名かの方々に会いインタビューを交わしながら、「地方で生きるということ」を、「どこで生きる?」という自分のわからなさの検証とあわせて集中的に取り扱ってみよう。

5月13日の午後、仙台へ向かう新幹線に乗った。でもなにを書けばいいのかは依然として不鮮明で、旅に出てはみたものの財布には900円ぐらいしか入っていないような、そんな心細さでいっぱいだった。

◎東北の行程

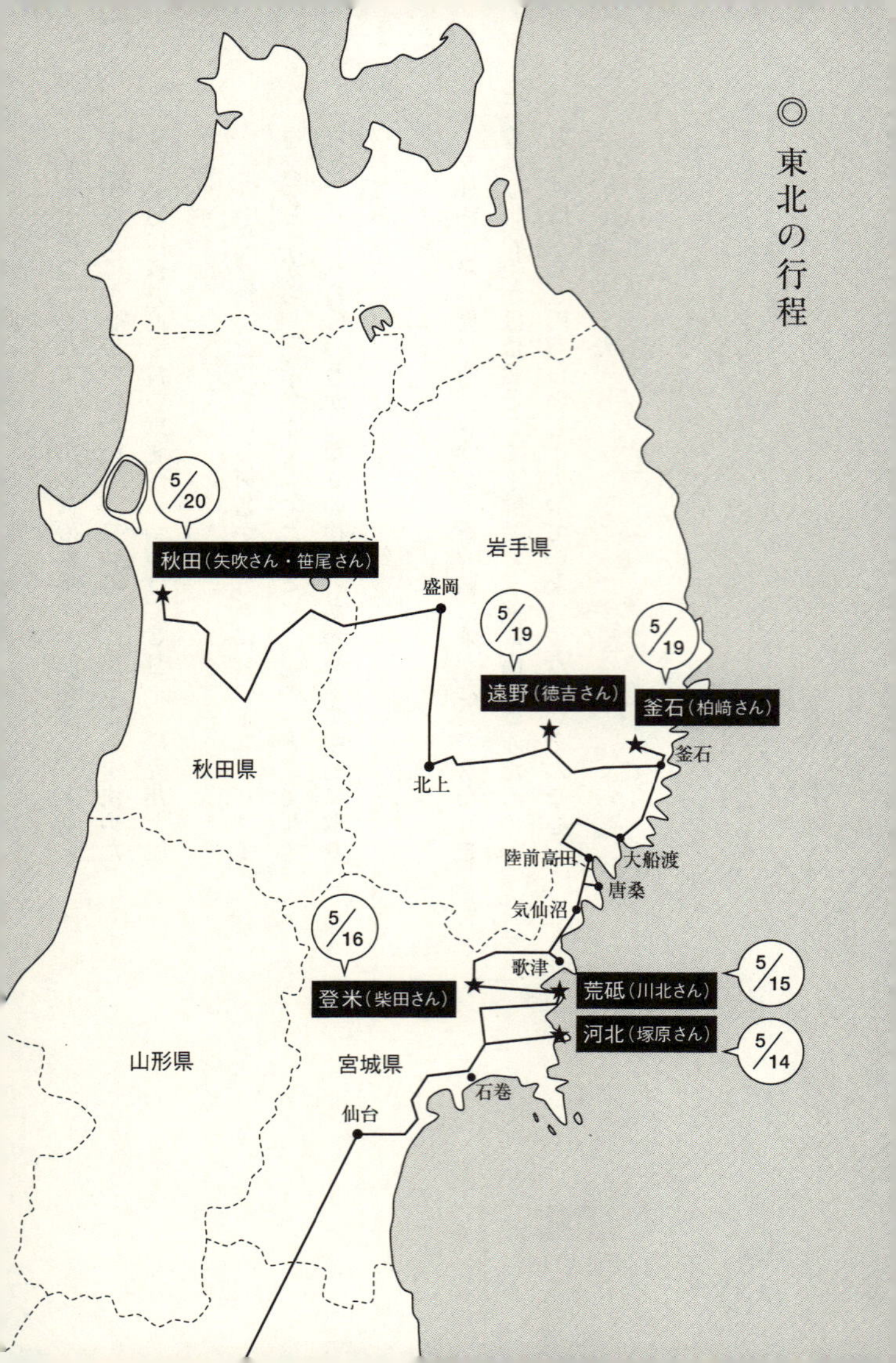
5/20
秋田（矢吹さん・笹尾さん）
岩手県
盛岡
5/19
遠野（徳吉さん）
5/19
釜石（柏崎さん）
釜石
北上
秋田県
大船渡
陸前高田
唐桑
気仙沼
5/16
歌津
登米（柴田さん）
荒砥（川北さん）
5/15
河北（塚原さん）
5/14
山形県
宮城県
石巻
仙台

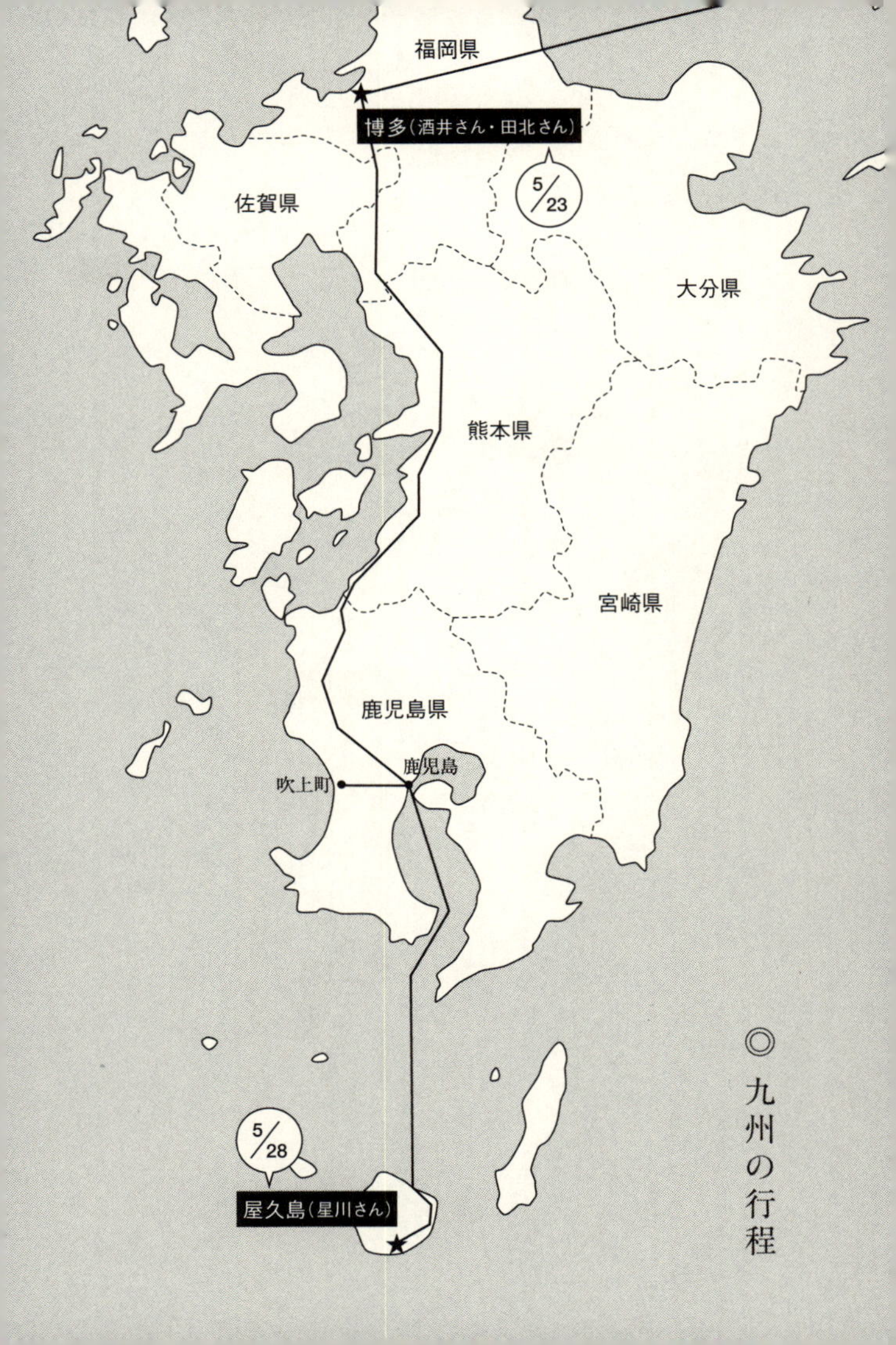

◎九州の行程

1

東北行

河北
南三陸
登米
釜石
遠野
秋田

RQ

仙台に向かう新幹線から見える景色は、黄砂《こうさ》が降っているのか薄ぼんやりとしている。仙台が近づくにつれ、屋根にブルーシートをかけている家が増えてきた。

震災後、東北に向かうのは2回目だ。3月17日から動きが本格化した「RQ市民災害救援センター」という活動にかかわってきて、この2カ月間の半分以上をそれに割《さ》いていた。

RQは、南三陸沿岸部の被災地を中心に支援活動を展開している急ごしらえの任意団体で、アウトドアや環境教育分野のキーパーソンが中心となっている。

宮城県・登米《とめ》市の山間にある廃校の体育館を軸足に、唐桑《からくわ》半島、歌津《うたつ》、河北《かほく》(石巻北部・北上川《きたかみがわ》河口付近)の3カ所に拠点をつくり、公的な支援の届かない民間の避難所や避難宅を主対象にした支援活動をつづけている。東北にはその一環で、ちょ

RQ市民災害救援センター
東日本大震災の被災者支援のために、3月13日に発足。野外教育や自然体験活動の能力とネットワークを活かした活動を特徴とする。
www.rq-center.net

登米市
宮城県北部、岩手県との県境にある、稲作を中心とした平野の広がる農産地。

うど2週間前に来たばかりだった。

動きの中心人物は広瀬《ひろせ》敏通《としみち》さん。還暦を超えているが弱々しさはまったく感じられない。富士山麓にあるホールアース自然学校の創設者で、同校は国内の自然学校の草分け。いまは若手に場を譲り、彼自身は別の活動に力を注いでいる。

若い頃はインドへ行き、障害者とともに暮らす村づくりに身を投じていた。そこで生涯をおくるつもりでいたが、国際政治の影響で日本に帰国。しばらくした後、今度は内戦中のカンボジアに一人赴《おもむ》いて、個人で難民キャンプを運営。外務省の団体に引き継いで日本に戻り、富士山の裾野《すその》に土地を借りて、多種多様な動物と暮らす自給自足の生活を営み始めたのが30歳の頃。動物農場として観光客の人気を集めたが、彼が望んでいた生活とは少し乖離《かいり》したので売却。近くにホールアース自然学校をつくり、林間学校等の受け入れも行いながら、環境教育と野外活動の拠点として運営を重ねた。

広瀬敏通
RQ総本部長。カンボジア内戦（1970〜98）時には避難民や子どもを救援する個人NGO活動を展開。1982年、日本初の自然学校である「ホールアース自然学校」を設立。現在はNPO法人・日本エコツーズムセンター顧問。

ホールアース自然学校
富士の裾野に拠点をかまえる、国内の自然学校の先駆け。富士山本校のほか、沖縄、新潟、神戸、岡山、福島など六つの拠点を持つ。
wens.gr.jp

阪神淡路大震災の時は災害発生2日目に現地に入り、東灘《ひがしなだ》小学校での救援活動拠点づくりに力をつくした。以後、新潟県中越地震やスマトラ沖大地震の際も、災害が発生すると向こう3カ月ほどの仕事の予定をただちにキャンセルし、ライフラインが途絶している被災地に入る。

「〝自分たちのアウトドア・スキルが活かせるのは、まさにこういう時だろう〟と言ってね。国内にはたくさんの自然学校があるけど、広瀬さんのように徹底した動き方をしているところは他にないんじゃないかな」と以前友人から聞き、ひそかに感銘を受けていた。

僕はここ3年ほど、毎年1月に奈良の県立図書情報館で「自分の仕事を考える3日間」というフォーラムを開催してきた。3日間を通じて8人のゲストを招き、彼らがどんな仕事をしてきたか、その中でなにを大切にしてきたのかを聞かせてもらいながら、集まった人々が自分のことを考えたり、互いに語り合

阪神淡路大震災
1995年1月17日、明石海峡を震源地として発生したM7・3、最大震度7の地震。3カ月間で延べ117万人ともいわれる人々が被災地支援にかかわり、災害時におけるボランティア活動の認識が社会的に進む契機となった。

新潟県中越地震
2004年10月23日、新潟県中越地方を震源地として発生したM6・8、最大震度7の地震。

スマトラ沖大地震
2004年12月26日、スマトラ島北西沖のインド洋を震源地として発生したM9・3の地震。

う場づくり。

広瀬さんはその最終回（2011年）のゲストの一人で、会場に集まった約300名の前で彼を紹介する時、僕はこんな質問をした。「もし、今ここで大きな自然災害が発生して、奈良の街が壊滅的な状態になり都市機能も失われた場合、広瀬さんならどう動きますか？」

質問の方向性は「どう生き残るか（how to survive）」で、彼の応答の後に「みなさん、ついて行くならこの人に（僕じゃない）！」と冗談をつづけるつもりで訊いた、他愛のない質問だった。


彼はこう即答した。「今この会場にどんな能力を持っている人がいるか確認して、チームをつくり、図書館に災害救援センターを立ち上げます」。

どう助かるかでなく、どう助けるかというほうに突き抜けていて、僕は自分の問いの出所を恥じた。俺は「助かること」をまず第一に考えているのか？

自分の仕事を考える3日間
奈良県立図書情報館で2009年から3年間開催された、仕事や働き方をめぐるフォーラム。各年3日間で延べ約1000人の参加者が全国から集まった。ゲストのインタビュー録として『自分の仕事を考える3日間 I』『みんな、どんなふうに働いて生きてゆくの？』『わたしのはたらき』（いずれも弘文堂）がある。

その2カ月後に、実際に大規模な自然災害が発生したわけだ。「広瀬さんは既に現地だろう……」と想像していたところ案の定その通りで、1週間後の3月17日に、現地を見てきた彼の報告をまじえた緊急会議が開かれるという。

西日暮里《にしにっぽり》で開催されたその会議には、日本の野外教育や環境教育を牽引《けんいん》してきた各地のリーダーが集っていた。僕はワークショップやファシリテーションの学習をこの分野の先達《せんだつ》との出会いを通じて重ねてきたので、旧知の顔も少なくない。

広瀬さんは、震災の3日後に訪れた現地で見聞きしてきたこと。被災規模があまりに大きく、これまでの局地的な自然災害とは種類が異なること。仙台や石巻あたりには今後ボランティアが入りやすくなるが、より以北の三陸沿岸部はおそらく支援の手が薄くなるだろうという見通し。モンベルと連携してその沿岸部への救援活動を始めようと思うと語り、集まった人たちは、その動きにどう力を寄せてゆくことができるかを話し合っていた。

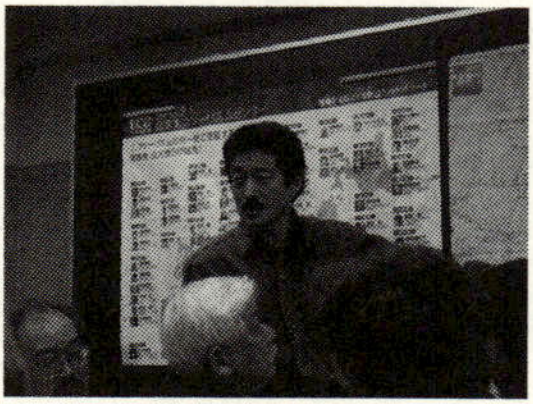
2011年3月17日撮影

モンベル
mont-bell　1975年に辰野勇が創業した登山・アウトドア用品のメーカー。東日本大震災では災害発生翌日から「アウトドア義援隊」を始動。5月末までに約300トンの支援物資を被災地に届けた。

各地の自然学校における避難者受け入れの体制づくりも、もうその場で始まった。互いに能力の高い者同士がかかわり合う、フラットで刺激的なミーティングだった。

その中で広瀬さんは「この地域には、いずれ複数の自然学校が必要になると思う」と語っていた。

自然学校とは?

自然学校とはなにか? 国内では1982年に創設されたホールアース自然学校が、その名を示した最初の団体だと言われている。

多くの人はこの呼称に、ネイチャーガイドやキャンプを行う野外活動センターのイメージを持つだろう。この晩の会議の帰りに僕はある人から、「でもね。たとえばイギリスの自然学校には、自然災害が発生した際は地域の災害救援拠点として機能することが、役割として最初から含まれていたりするんだよ」

自然学校
YMCAやボーイスカウトの組織教育キャンプにルーツを持つ自然体験活動拠点の総称。日本では1980年代以降各地に増え、現在約3000存在すると推定される。「地域再生の拠点」としての役割の広がりが日本におけるその特徴。同志社大学大学院・西村仁志さんの博士論文『日本における「自然学校」の成立に関する研究』(2011)が非常に詳しい。

と聞いた。

ライフラインの途切れた状況下で自立的に活動するサバイバル能力があり、地域の環境特性にあかるく、コミュニケーション能力もあり、センターには宿泊設備や食料の備蓄を含む生活資源がある。

なるほど。これまであまり見えていなかった自然学校の別の価値が、この災害を通じて社会的に発見されることになるのかもしれないな、と軽く興奮して帰路についたのを憶《おぼ》えている。


ただ思い返してみると、奈良のフォーラムで広瀬さんから聞いていた自然学校は、それともまた少し違うものだった。

彼は多くの人が「田舎には仕事がない」と言うけどそんなことはないんだ、と話していた。それは勤め先がない。つまりいわゆる会社のような雇用口がないだけの話で、人手が足りなくてできずにいる仕事はもう山ほどあるんだと。

だから地域に入って、そこで暮らす人々と出会いながら、昔でいう便利屋のように働いてみればいい。彼らが困っていることをなんでも手伝ってみるといい。給料はもらえなくても、生きてゆくための食料は手に入るだろうし、信頼を得れば居場所もできてゆくだろう。

そんなふうに地域とかかわりながら、ひいてはその土地の魅力や資源を外の世界にも伝えてゆくのが自然学校なんだ、と話していた。

「えっ、でもその名前が〝自然学校〟なの？」と戸惑いを感じる人がいるかも。自然学校という言葉には、どうしても野外レクリエーションのイメージが強い。

でも広瀬さんにとって自然学校をつくることは、地域の人や自然と、ともに生きてゆく拠点づくりなんだなと僕は了解している。

中でも「田舎に仕事がないわけじゃない」というくだりには強く頷《うなず》ける。

たとえば高知県は統計上は失業率が高く、沖縄や青森につづ

「統計からみる高知県のすがた」（日本銀行高知支店、2010）参照
「就業者に占める自営業主比率や県民所得に占める個人企業の割合がいずれも全国トップであり、自営業者の存在感が名実ともに他県と比べて非常に大きい」
www3.boj.or.jp/kochi/pdf/kochinosugata.pdf

いて上位に並ぶ。移住コンシェルジェを務めていた知り合いも、「かかってくる電話相談には真っ先に『仕事はないですよ』と伝える」と言っていた。

が、実際に行ってみるとお店を営んでいる人は多い。喫茶店の店舗数も全国一。企業の数が少ないだけで、全就業者人口における自営業主比率や、県民所得における個人企業の割合は全国一だ。

働き口がなくても、仕事は自分でつくってゆけばいい。

三陸沿岸部の経済の軸足は漁業と水産物加工だ。復興に向けて動き出す漁連もあれば、人手を失い、これを機に漁業から身を引いてゆく人たちもいるだろう。子どもを抱える若い家族は、勤め先を求めて別の土地へ移ってゆく可能性も高い。実際その動きは顕在化しているようなので、国内の他の地域よりさらに早く高齢化が進む。

それでも長い時間をかけて、人々の暮らしの場は必ずなんらかの形で立ち直る。以前とは規模や形態が変わっても。その過程には行政がカバーしきれない、さまざまな細かい仕事、人の手を必要とする現場があるはず。いや実際にあることを、僕自身はRQを通じて学んだ。

これまで自分は、必要な支援は基本的に国や行政が行うと思っていた。役場自体が被災して機能しなくなった市町村にも、早期に自衛隊やNGOが入ってそれなりの支援が行われると思い込んでいた。

むしろ近年「新しい公共」などの言葉が、都合のいい業務放棄に使われている気配も感じていたので、国内の全行政スタッフで支えてほしいし、ピースウィンズや難民を助ける会など、名だたる国際協力NGOが次々に現地入りしてゆく様子も見ながら、この上さらに何ができるだろう？ と思っていた。

が、実際に現地に入って活動を始めたRQメンバーの報告を聞いていると、体育館などの公的避難所の他に、被災を免《まぬか》れた家屋に親戚や近隣住民が集まった避難宅のような公的な支援の

ピースウィンズ
特定非営利活動法人ピースウィンズ・ジャパン。紛争や災害、貧困などの脅威にさらされている人々に対して支援活動を行うNGO。世界各地で活動。

難民を助ける会
認定NPO法人難民を助ける会。政治・思想・宗教に偏らない市民団体として、被災者や難民への緊急支援等を行う、日本の国際NGO。

手が届かない、存在を気づかれない小さな場が無数にあることを知った。

また別の意味で行政がうまく機能しないことがあることも知った。たとえば支援物資で大量の林檎《りんご》が届いているが、避難所にいる全人数分に足りない。そんな理由で配れずにいて、じきに腐ってしまう。が、一手間入れてカットすれば分け合えるし、全員が食べたいともかぎらないのに……という話を、福島県のある避難所にかかわった知人から聞いた。

先の3月17日の会議の最後に、阪神淡路大震災で広瀬さんとはまた別の民間のボランティアセンターを運営し、現在はトヨタ白川郷自然學校の校長をつとめている西田真哉さんがこんな発言をしていた。

「この活動（RQ）は組織的にも大きなものになっていくでしょう。大きくなると判断が行政的になることがある。公平性を重んじて、そのような対応を優先してしまうことが起こるかもしれん。でも私たちは民間の組織なんだから、出会いを大切に

西田《にしだ》真哉《しんや》
1946年大阪生まれ。大学から神学校に進み牧師に。神学生の教育手法を模索する中で体験学習法と出会い、後年日本の環境教育に大きな影響を及ぼす。『かかわり方のまなび方』（西村佳哲著、筑摩書房）にインタビューあり。

していこうじゃないですか」

朝方はマイナス10度まで下がる体育館を拠点に、夜中に寝ている背中を叩き起こされるような余震を何度も味わいつつ物資の配布を始めたRQのボランティアは、瓦礫《がれき》の撤去もまだあまり進んでいない道路を走りながら、一軒一軒を訪ねて回り、さらに同じような避難宅がないか調べて回っていた。

物資を渡してすぐ次の場所へ向かうのではなく、必ずしばらく話を交わす。そして次に同じ場所に行く時には、話の中に出てきた足りないものや、必要になると思われるものを、考えて運んでゆく。

2～3日でメンバーが入れ替わる流動性の高い現場で、極めてレベルの高い協働作業が奇跡的に実現していた。転がるように日々システムを更新する有機的な活動体が突如姿を現して、その一部に東京側からかかわりながら、僕は精神科医の中井久夫さんが阪神淡路大震災の記録として書いた『1995年1月・神戸——「阪神大震災」下の精神科医たち』（みすず書

文庫版編纂時（2019年）秋のトヨタ白川郷自然學校・校長は山田俊行氏。

中井《なかい》久夫《ひさお》
1934年生まれ。精神科医であると同時に文筆家としても知られる。上記書籍に収録されている「災害がほんとうに襲った時」は、最相葉月さんの活動により2011年3月20日からネットで公開された。

房）にあった、「指示を待った者は何ごともなしえなかった。統制、調整、一元化を要求した者は現場の足をしばしば引っ張った」という一節を思い出していた。本当にその通りのことが起こっていた。が、組織運営の話はテーマから少し逸《そ》れるのでここでは深追いしない。

RQは物資配布を切り口にした現地の方々とのかかわりを通じて、次第に仕事を増やしていった。受ける相談の種類が増えたということは、要するに信頼を得ていったのだと思う。

お風呂に入りたい人々を、車で1時間半ほどの内陸部にある温泉に送迎する。子どもたちの遊び相手になる（特に学校が再開していない時期は、子どもも大人も互いにストレスの高い状況があった）。津波が運んだ漂着物の片付け。春の始業前の校庭に一列にしゃがんで並び、散らばっている細かいガラス破片を手作業で取り除いたり。泥の中から拾い出した茶碗や写真を洗って乾《かわ》かしたり。

今回の災害では自衛隊が敏速に機能した。が、いま述べたような支援作業は彼らの仕事の範疇《はんちゅう》ではないし、間尺《ましゃく》にも合わない。

先ほど広瀬さんの「地域に入って、そこで暮らす人々と出会いながら便利屋のように働く。人手がなくて困っていることを何でもやってみればいい」という言葉を書いたが、RQの現場では今、それがそのまま展開している。

で、その先になにがあるんだろう。

彼が言うところの自然学校まで一足飛びに進まないにしても、手伝いを通じて地域と出会い、自分が生きてゆく場所を見出す人々がボランティアの中から生まれてくるのだろうか。可能性を見出しつつある人がいるとしたら、ぜひその人の話を聞いてみたい。

そんな候補の一人が、いま向かっている拠点で活動中の、塚原俊也さんという若い男性だった。

北上川の河口へ

　仙台でレンタカーを借り、三陸自動車道で石巻方面へ。陽がだいぶ傾いてきたが、沈む前には今夜の目的地に着けるだろう。被災地の道は、できれば暗い時間帯に走りたくない。

　三陸道はその左右で風景が違う。盛土《もりど》してつくられたこの道自体が堤防の機能を果たしたようだ。右側には津波に押し流された街並みや田んぼ、平野が広がっている。


　2週間前に来た時、早朝着の高速バスで仙台駅前に着いた僕を、友人の紹介で迎えに来てくれたSさんが、登米市にあるRQの現地本部まで送ってくれた。その朝、この右手の風景の中に連れて行ってくれたのを思い出す。

　彼は津波にのまれて破壊された、人影のまったくない住宅地を運転しながら「震災後は、とにかく物資を積んで、お客さんのもとを訪ねて回っていました」と話してくれた。ある会社で営業職をつとめている人。

「幸いガソリンは確保できていたので、新潟まで買い出しにも行って。毎日ずっと動き回って。少し立ち止まって一息ついている時、自分が涙を流していることに気がついたり。1カ月半経った今でも、そんな瞬間があります」

彼の声をききながら、いま横で運転しているSさんが見ている同じ風景が、僕にはまったく見えていないということを思っていた。自分が生まれ育ったまち。それは東京・杉並区の永福《えいふく》町《ちょう》だが、そこが同じような状況になって、あったはずのもの、心を寄せたことのあるものが失われ、ともに時間を過ごした具体的なあの人がいなくなって……という事態に身を置かないかぎり、彼の目に映っているまちの姿は僕には見えないんだ。

三陸道は海沿いの平地を離れて、山里の只中《ただなか》を進む。2週間前はまだ身を固くしていた風景が少し緩んでいる。暖かくなり、緑がのびのびと膨らみ始めていて。そこに災害の痛みを感じさせる要素はなに一つない。人がつくったものだけが、時おり痛々しさを発している。

対向車の灯《あか》りがスモールランプからヘッドランプに切り替わる頃、目的地に到着。RQの河北拠点は、海まであとわずかの北上川河口沿いの道から、ほんの少し山側に入ったところにあった。公民館とその奥にあるお寺の本堂を地域から借りていた。河川の水位がかなり上がって見えるのは、沿岸部全体の地盤が沈下したため。もう一度津波が押し寄せたら、おそらくこの建物も浸水するだろう。


建物の中に入ると、子どもや大人が二、三十名集まっていた。今夜は関西から落語家が来るのだという。思わぬところで噺《はなし》を聞き、翌日は近くの漁村で漂着物の片付けを手伝い、夕方はくだんの塚原さんに誘われて、石巻市で活動する各ボランティア団体が毎晩集っている災害復興支援協議会のミーティングへ。

河口の拠点に戻り、RQのボランティアに翌日の作業の説明を終えて、ようやく遅い晩ご飯を取り始めた塚原さんと、インタビューの時間をもった。

2011年5月14日

塚原俊也さん
「自分に対する信頼が心の中にあるんです」

塚原俊也《つかはらとしや》さんは、宮城県・栗駒山《くりこまやま》の中腹にある「くりこま高原自然学校」のスタッフだ。この自然学校は震災直後から全面的な災害支援体制に入り、RQの重要な一部を成してきた。その流れの中で、彼は4月の頭からここ河北拠点のリーダーをつとめている。

2週間前に東北に来た際、あるミーティングで初めてお会いした。僕には彼が、広瀬さんが語るところの「地域の人や自然とともに生きてゆく拠点づくり」を担う条件を、非常に力強く満たしているように思えた。

本人もそのつもりなのか？　ボランティアとしてかかわっているこの地域に、これから自分が生きてゆく場としての可能性

くりこま高原自然学校
宮城県栗原市・栗駒山に本校を構える自然学校。1996年に代表の佐々木豊志《ささきとよし》が設立。自然環境を活かした冒険教育やツアーのほか、不登校・ひきこもりの自立支援、山村留学プログラムなども手がける。

を見出しているんだろうか？

だとしたら、「いま、地方で生きるということ」をめぐる思いや考えを聞かせてもらえるかもしれない。

「全てキャンセルして災害支援一本でいこう」

塚原　もしこの活動が急に終わったら、僕自身は引き揚げて、くりこま高原自然学校がある栗駒の耕英《こうえい》地区で、半独立しようかと考えています。

――（えっ、そうなの⁉）

塚原　いまはこうして地域の片付け作業を手伝っているけど、そのうちボランティアは、毎日は要らなくなる。状況が落ち着いてくれれば、みんなも社会生活が始まるので、週末に来て子どもたちの相手をしたり、お母さんたちのお茶飲み場を用意したり、そんな形でいいと思うんです。

塚原俊也

1980年神奈川県生まれ。イーハトーヴ北上川自然学校代表。学校教師を勤める両親のもと本人も理科の教師を目指して働く中で、自然に関する実体験の必要性を感じ、JEEF（日本環境教育フォーラム）の自然学校指導者養成講座5期生を受講。卒業後、OJT先として選んでいた「くりこま高原自然学校」のスタッフに。RQの河北ボランティアセンターで、コーデそういう場としては、たぶん1年、もしくは2年ぐらいかけてこの地区にかかわりたいとは思っている。亡くなった大川小学校の子どもたちの家族を支えたい、という気持ちがある。

最初はここに物資を置いて、周辺の方々に「いつでも取りに来てください」という活動をしていました。

そこに一人、子どもを亡くしてしまったお母さんが手伝いに来てくれるようになった。家にいると考えてしまうから気が紛れていいと。同じように、弟や妹を亡くした中学生も手伝いに来てくれています。

周辺の方々から差し入れもよくいただくし、お風呂にも呼んでもらったり。この地区の人たちとはかかわりがありますね。

――この場所を使わせてもらえるようになった経緯は?

塚原　消防団の班長が大工さんで、3月の終わりの頃、登米の本部の裏にある老人福祉施設に作業に来ていたんです。すぐ横

イネーターとして活動中。

北上川の河口から約4キロの場所にあった石巻市立大川小学校は校舎ごと津波にのまれ、児童108名のうち約7割が死亡・行方不明に。教職員も13人のうち10人が死亡となった。

消防団
各市町村の自治的な消防機関。他の職業に就く一般市民で構成される。

の体育館にボランティアの拠点（RQ登米）があって、物資を配達していると聞き相談にいらっしゃった。「被災地で消防団で活動しているのだけど、汚れたままの手でおむすびを食べている。ウェットティッシュとかもらえないか？」って。

そこに僕が通りかかって、「お話を聞かせてください」と。その頃僕は物資を配りながら、北上川の河口付近でRQの拠点を探していました。ボランティアセンターとして借りられる場所を。

話をうかがってゆくと、その近くの方だとわかった。ちょうどその直前、対岸の別の地域にも施設の交渉をしていて、最終的に住民会議のような場でも話し合っていただいたけれど「火事が出たらどうする」とかそういう話が出て、借りるところまでいかなかった。でもこの班長さんの地区では「いいよ」と二つ返事で、2日ほどで決まってしまったんです。

以前くりこま高原自然学校で、北上川を10日間ほどかけて下るプログラムを実施したことがあるんです。その最後のキャン

北上川
岩手県および宮城県を流れる東北地方最大の河川。傾斜が緩く、東北地方太平洋沖地震の津波においては約50㎞もの遡上が観測された。

プサイトは、ここから少し海側の大川中学校だった。お世話になっていたし、それで僕もなおさら「この地域に入りたい」というふうになって。

——地震が起きた3月11日は、塚原さんはどこにいたんですか？

塚原　うちの自然学校の代表の佐々木豊志と一緒に13人ぐらいのグループを連れて、栗駒山でテレマークスキーのガイドをしていました。ひとまず施設に戻って。水はあるしガスもプロパンだから、食べるのは大丈夫。駄目だったのは電気です。それであまり情報が入らなかった。災害ラジオはあったけど、あまりはっきりした情報を得られないから、動くに動けなくて。

この時うちのスタッフが2名、ちょうど東京で開かれていた広瀬敏通さんの研修会に参加していたんです。その3日目だっ

テレマークスキー
Telemark skiing　主に山岳スキーで採用されることの多いスタイル。ブーツはスキー板につま先だけ固定し、踵《かかと》を浮かすことができる。

たかな。二人を送り届けに、広瀬さんたちが仙台の少し南まで車で来るという連絡があって、佐々木と迎えに行った。

その帰り路、地震発生の日から日本財団の黒澤さんたちが動いているのを知っていたので「寄っていこう」という話になって。すると、ある地区でスーパーレスキュー（大規模災害等に対応する東京消防庁の特別高度救助隊）が来ていなくて人手が足りない、という声を聞いた。じゃあ応援に行こうと。

──（すご……）

塚原　ボートを持って、14日から被災地に入りました。

3年前に、くりこま高原自然学校も岩手・宮城内陸地震で被災しているんです。震源地から10㎞しか離れていなくて。山が崩れ、使っていたフィールドは1年以上立入禁止区域になり、しばらく仕事もできなかった。でも参加者の家族や、いろいろな方に助けてもらったんです。

今回の災害は沿岸部に集中している。僕らのお客さんも3割

黒澤司さんは被災地支援のスペシャリスト。石巻市出身。日本財団の職員として阪神淡路大震災や新潟県中越地震等でボランティア活動を指揮。
blog.canpan.info/coco/

岩手・宮城内陸地震
2008年6月14日、岩手県内陸南部を震源地として発生したM7・2、最大震度6強の地震。

くらいがそのエリアに住んでいた。3年前に自分たちを助けて、支えてくれた人たちが被災しているわけです。これはまず支援に回ったほうがいいと。佐々木もそう考えていたし、他のみんなも同様だったので、「じゃあ春休みの予定は全てキャンセルして災害支援一本で行こう」ということになったんです。

——その間、事業収入は止まるよね。

塚原　そうですね。ただ普段もあまりないから（笑）。

栗駒はアクセスも悪いし、そんなに大きな市場もない。冬は雪で閉ざされるし、家畜を飼うにもちょっと厳しいし、野菜をつくりたくても半年は畑が使えない。地域的にもなかなか閉鎖的だし。「ここで自然学校が成立すれば日本中どこでもできる」と、以前佐々木は話していましたね。

＊

1：東北行（河北、南三陸、登米、釜石、遠野、秋田）

塚原さんのインタビューの途中だが、頻繁に名前が出てくる佐々木豊志さんの存在に少し立ち寄っておきたい。

僕が今回この本を書く腹を決めた足がかりの一つは、2週間前に東北に来た際にその佐々木さんが聞かせてくれた、彼のこの1、2カ月の体験談にあった。「いま地方で生きるということ」というテーマへの直接的な答えではないが、あらかじめ保証されていない未知の事々へ向かう姿をかいま見て、とても心が動いた。

以下、4月25日に聞かせてもらった話を彼の語り下ろしで再録します。

「一体どこへ行くんだ？」

佐々木　3月11日は栗駒山でガイドをしていて、みんなで山を下りてきて森を抜けてたところで地震が来た。3年前の地震（岩手・宮城内陸地震）と揺れ方が違ったんです。揺れの幅が大きいし、ものすごい長くてね。「これは尋常じゃない」と。

自然学校に戻ってツアーの参加者やスタッフの安否情報をブログに書いて。誰でも確かめられるように。そしてしばらく状況を見ました。水道が止まっていることを考えると、雪がある山にとどまっているほうがいい。電気もここなら一応発電機がある。

でも揺れを感じていた時、スタッフはもうみんなわかっていたと思います。これから何をするか？ どうなるか？ ということ。3年前の地震では僕らが助けられた。その恩返しをする番なんだって。

学校には馬やたくさんの動物がいるので、全員が離れることはできない。とりいそぎ塚原と自分の二人で山を下りて、支援活動を始めた。でもその前に、あらためて一人になって1時間ぐらい考えたと思います。「一体どこへ行くんだ？」って。

まずは安否を確認しにゆきたい。津波が襲った三陸沿岸部には、うちのキャンプに来てくれていた子どもやその家族がいます。

佐々木《ささき》豊志《とよし》
1957年岩手県生まれ。筑波大学で野外運動学を学び、日本テレビの野外教育事業「スクスクスクール」に従事。栗駒山に土地を購入し自力でログハウスを建設して1996年にくりこま高原自然学校を開校。RQの東北現地本部本部長。森林資源の活用を進める「日本の森バイオマスネットワーク」代表もつとめる。
(写真：地平線会議)

安否確認を終えたら次は救援活動に入って。その後の復旧・復興支援は何カ月もつづく。もしそれにかかりっきりになったら（実際そうなった）、今度は自分たちの学校の経営が成り立たなくなる。どのみち春休みのキャンプは催行できないだろう。にしても、どこまでやるんだ？ どこに着地するんだ？ って。でもわからない。

なら、飛び立つ覚悟だけ決めて、1カ月ぐらい飛んでいればいいって。そんなふうに思って動き始めたんです。

石巻以北の沿岸部を北上して被災地を回った。僕らのキャンプに参加したことのある子どもたちは元気で家族を支えていてね（笑）。「お母さん、電気なくてもご飯炊けるよ」って。

自然学校には大きく二つの軸があります。環境教育と冒険教育。もちろん両方あるんだけど、くりこま高原自然学校の軸足は後者です。

前者は自然について学ぶ。後者は、学ぶ環境が自然なんです。

冒険教育
Adventure-based Education
野外教育の一領域。身心ともに困難な状況を意図的につくり出し、それを乗り越える体験を通じて人間的成長をはかる。1941年にクルト・ハーン博士がイギリスで開発した教育手法に端を発する（西村仁志さんの論文を参照）。

たとえば子どもたちと川で泳ぐとしますね。「いつも泳いでるプールとこの滝壺《たきつぼ》。なにが違う？」って、「危ない目に遭わずに遊ぶには、どうしたらいい？」と訊く。

すると子どもたちは全部自分で決めます。「ここから先では泳がない」「一人で行かない」「下にいる子に声をかけて飛び込む」「石を投げない」……川に行くと石を投げたくなるんだね（笑）。「んじゃ、それ守って遊ぼう！」って。

自分で考えて判断して。リスクを取りながら動いて、その結果からまた考えてゆく。冒険教育では、そういう全人格的な成長の環境として、野外や自然を捉えている。

成長とは、自分が安心していられる領域が広がることです。そこを広げるには、馴染《なじ》みのある普段の快適な領域から少し外に出てみなければならない。冒険が要る。けどそこには未知で、容易ではなくて、あらかじめ保証のない世界が広がっているわけです。

この約1カ月、僕はRQと併行して、プレハブではない仮設住宅づくりを進めようとしていました。入居家族が1軒ずつ孤立して、さらに東京の業者ばかりにお金が流れてしまうような仮設住宅村でなく、地元の林業支援にもなるような木造の仮設をやろうって。

でも法律の壁は固く、行政の人たちにも新しいことに取り組む余裕がなくて、宮城県ではなかなか進まなかった。

そこで登米の市役所と相談して、地元の木材で、仮設ではない本設の復興共生住宅をつくろうというアイデアを進めたんです。これはうまくいった。建設費の調達にも目処《めど》がついた。住人同士がコミュニケーションを保ちながら一緒に暮らせる、グループホームのような長屋式のつくりになっているんです。

その企画書に、被災支援が終了した後の用途案を書く必要がありました。で、とりあえず「デイサービス施設」と書いて出したら、登米市の人が「それは他にもあります」と戻してきた。「くりこま高原自然学校ならではのアイデアを書いてくださ

行政による仮設住宅の整備は、地縁の強い被災地の住民にとって近隣関係が失われ孤立が生じやすい他、地元の林業や建設業に対する経済効果の薄さも指摘されている。木造の仮設住宅はプレハブのそれと異なり、結露が生じにくいことが実際に住んでみると大きいと聞く。

くりこま高原自然学校には耕英寮という施設があり、子どもたちの長期にわたる自然体験事業を運営してきた。生活をともにし、自然を体験し、家畜の世話をして、農作業を行う。この事業体験を通じて佐々木さんは「暮らしをつくってゆくことが成長に際して非常に大切な要素である」という実感を得たという（西村仁志さんの論文を参照）。

い」って。「たとえば、今回の災害で親を失ってしまった子どもたちのこととか……」と言ってくれた。「そうか!」と思って。そういう寄宿の受け入れは、僕らがずっとやってきたことです。山の上の自然学校で。不登校やひきこもりの子どもを預かって、一緒に暮らして、学んで、遊んで。その中で心理的なかかわりも行ってきた。

災害支援に飛び出したのはいいけど、一体どこへ行くんだろう? と思ったまま1カ月ぐらいずっと飛んでいて、その間本当にわからなかった。だから冒険ですよね(笑)。で、ようやく着地点が見えた。

目印になるものが見えて。自分の位置がわかって、役割がわかった。つい先週のことです。

*

被災地にできることがあれば当然したい。が、自分にできることは極端に限られている。

1:東北行(河北、南三陸、登米、釜石、遠野、秋田)

災害が発生して間もない頃、ネットにつなぎながら、有益そうな情報の転送に明け暮れる自分には辟易《へきえき》としていたし、早い時点で結論めいた表明を始めた発言力のある人たち、頭のいい情報共有の仕組みをつくって利用を呼びかける人や、「いまデザイナーにできることを考えよう」といった声をあげる人たち全員に苛立《いらだ》ちを感じていた。

それが間違っているわけじゃない。が、本当に力になりたいのなら遠くから「良さそう」な投げかけをしていないで、まず一度近づいてみないことには、話もかかわりも始まらないだろう。

しかしそう動けない自分への苛立ちを投影していた。そんな自分にとってRQは、被災地にかけられた心強い橋であり、持て余していた気持ちがだいぶ楽になったと思う。活動の一端にかかわっているが、自分がなにかをしたというより、させてもらった感覚のほうが強い。

僕は佐々木さんの「つい先週までずっと行き先がわからなか

った」という話を聞き、先頭をきって進んでいる彼にも不安があったことを知って少しホッとした。そして最近ようやくひらけた見通しを語っていた時の彼の嬉しそうな様子に、勇気付けられるものがあった。
　勇気は「出そう！」と言われて出るものじゃない。実際に出した人の姿を見た自分の内側から、湧き上がってくるものだ。冒険家と呼ばれる人たちの働きはこれだったか。
　で、その類の人たちの中にはなにがあるんだろう？　ということを、僕は塚原さんから聞かせてもらったと思う。彼のインタビューに戻ります。

「ないものから、あるものをつくる」

塚原　最初は学校の先生になりたかったんです。親が二人とも中学校の体育の先生で。
　僕は農業工学分野に進んで理科の教員免許を取った。学校で非常勤講師をしてみたけど、自分には野外で自然に触れてきた実体験が乏しいことが気になったので、ある環境教育団体が募集していた全9カ月間の指導者養成プログラムを受けることにした。そのOJT先として、くりこま高原自然学校を選んだのが東北に来たきっかけです。

くりこまは子どもたちのキャンプもやっているし、山の中で住み込みで働くのもやってみたかった。あと冒険教育ですね。

――冒険教育とは？

塚原　「主体的にチャレンジする」ことを大事にする、そして「みずから一歩踏み出す力をつける」教育です。

――それを自然の中で、ということ？

塚原　はい。究極的には自然の中でなくてもいいんですけど、やっぱりそのほうがやりやすい。自然は言い訳ができないので、比較的早めに自分と向き合える。

今、なんだかわからない方向に向かっているじゃないですか？

――地震や津波や、原発の災害。この後どうなっていくんだろう、ということ？

塚原　はい。みんなが初めて体験している。でも僕は今回こういう状況になっても、あまりひるまなかったんです。どうなるかわからない部分に、手探りで「じゃあ、まずここまでやってみよう」という感じで向かっている。

――そんなふうに動けるには、なにが必要なんだろう？

塚原　なにが要るんだっけな。
　あらかじめ答えがないところに自分で目標を立てること。それができるためにはなにが必要なのか。行動すると、なにかが起こる。考えているだけじゃなくてアクションを起こすと、必

ず反応が返ってくる。その最初のアクションができるためには……なにが必要なんでしょうね？（笑）

ああ。自信があるんですよ。自分に対する信頼がどこかにあるんです。それをやってもいいという。自分で決めたことに向かっていいと、自分に保証されている感じがあるんです。うまく行こうが悪くなろうが、自分で決めたことに向かっていい、ということが。

その一番コアなところにあるのは僕の場合、親だと思う。「なにが起きても僕は母親に守られている」というのがたぶん心の中にあって、生きてゆくエネルギーの原点になっているんだと思う。太陽みたいな？

それをいっぱいつくることですよね。僕にとっては佐々木との関係もそうだし、父親も、友だちも。ペットでもいい。仲間たち。そういう心の拠《よ》り所《どころ》をいっぱい持っていること。

くりこまでの7年間の中で、ある寮生とうまくいかなくて心の病に片足つっこみかけた時期のことや、自分からメディック・ファーストエイドの資格を取りに行ったこととか、いろんな経験もその支えになっているんです。

「Cゾーン」って聞いたことありますか？　冒険教育について、玉川大学の難波《なんば》克己《かつみ》さんが図説している。自分にとって安心できる、快適で馴染みのある領域（comfortable zone）。その外へ足を踏み出してみることが、冒険であり成長のチャンスになる。

一方でこのCゾーンは、失敗したりうまくいかなかった時には帰ってくる場所なんです。あるいはもう一度冒険に出るために力を蓄えるところでもある。会社勤めの人なら、たとえば家庭がCゾーンだったりするんでしょう。

それが心の中にあったら、一番ポータブルですよね。どこにでも持っていけるし。それは「ある」感じがするんです。僕は。どこに行っても自分なりのCゾーンがある。

RQの活動で、知らない地区の公民館や避難所に行っても結

メディック・ファーストエイド
アメリカで誕生した、一般市民レベルの応急救護・手当の訓練プログラム。

難波克己
1953年、神奈川県生まれ。玉川大学学術研究所・心の教育実践センター主任代理。冒険教育の一形態であるプロジェクト・アドベンチャーの普及と指導者育成に深く携わる。

構自分なりに動けるのは、それはたぶん「自信」なんだと思う。

――さきほど「なんだかわからない方向」と仰《おっしゃ》ったけど、今そんな感じですか？

塚原　「いい方向に行くだろうな」とは、思い込んでます（笑）。

――塚原さんが、生きてゆく場所を判断する、決め手のようなものは？

塚原　ないですね。どこでもいい。栗駒で、と思っているのは水が合ったのかな。僕、軽くアトピーなんですけど、あそこに行ったら少し楽になったんです。

1年前に結婚した相手（同自然学校のスタッフ）は栗駒の出身で、僕と逆で「ここじゃなきゃ駄目だ」ぐらいの人間です。地元のお祭りも大事にしているし、海外旅行なんてしなくていい、栗駒から出なくていいと言うくらい。そういう自分とは逆の人間に出会った。

開拓一世の話を聞いたのも大きい。耕英地区は開拓地なんですよ。満州から引き揚げた人や、シベリア抑留《よくりゅう》を生き抜いてきた人々が拓《ひら》いた場所なんです。人間が誰も住んでいなかったところを切り拓いて、自分たちの住むところをつくった人たちがいて、その3代目が僕らと同世代なんです。もう5人ぐらいしかいないけど彼らはそこに残ると決めていて。外から来た人間だけど、そこでなにか一緒にチャレンジしてみたい。


僕は80年生まれで。バブルがはじけるのを中学生時代に見た。「良い学校を出て、いい会社に入って」と聞かされて大きくなったけど、「お金だけじゃない」ことは薄々感じていた。

テレビや社会は相変わらずそっちを追っている様子を見ながら、自然学校の講座を受けて、そこで学んで、働いて。その中で自分は「教育された」と思っているんです。

僕みたいなごく普通の人間でも、そういう教育を受けてくれば非常時もこうして動けるし、死なないようにできるし、人の役にも立てるし。これってすごいことだと思うんですよ。「こういう人になりました」というのを、一つこう実践して見せることができたら面白い。同じ世代の人たちに。今までにないような働き方とか、暮らし方とか、仕事をつくるということ。ないものから、あるものをつくること。みんなもやってみたらできるよって。

わたしの働き

昨晩は大切な話を聞かせてもらったな(想像していた話とは少し違ったけど)……と思いながら、北上川に沿って昼頃河北を離れた。

コインランドリーに立ち寄り、一昨日の漁村の片付け作業で汚れた服を洗う。

片付けに出向いた石巻市の雄勝《おがつ》地区には、友廣裕一《ともひろゆういち》さんという若い友人もかかわっている。仲間たちと「トモノテ」という小さな団体をつくり、さまざまな活動を重ねている。

泥の中から缶詰を回収して販売市を開催する、水産加工業の復興支援。東京からカフェを営む仲間を呼んで、ずっと働きどおしの市役所の人たちに美味《おい》しい珈琲をふるまったり。RPGではないけれど、これまでの人生で彼が手に入れてきたアイテムを見事に組み合わせて、世界の隅々を満たすような働きをみせている。

　その彼も冒険教育の話と同じで、どうなるかまったくわからないまま、3月下旬からある団体のボランティア活動に請われて参加し、その中で出会ったメンバーや現地の人たちと今の活動に至っている。

　RQにかぎらず、いま被災地には無数の人々が、ボランティアないし一人の人間としてかかわっている。次の大きな余震がいつ来るかわからない福島・宮城・岩手の沿岸部に入り、稼ぎ

友廣裕一
1984年大阪生まれ。20代中頃の約半年間、日本各地の農山漁村の現場に触れるべく日本一周の旅に出る。地域にかかわる仕事を志す若者の中心人物の一人として活躍。3月11日の震災以降、「被災者をNPOとつないで支える合同プロジェクト(つなプロ)」を経て、宮城県・雄勝地区に継続的にかかわっている。

トモノテ
「つなプロ」を通じて出会った有志たちを核にした、支援の届きにくい地区へのサポートと復興支援を目的とする任意団体。
tomonote00.blogspot.com/

RQ河北の午後。訪問した5月14日は土曜日で、学校から早めに帰ってきた3人の中学生と誰かの弟が、公民館横の公園で遊んでいる。手前でギターを教えているのはボランティア。すべり台に腰掛けているのは、塚原さんと一緒に拠点を運営している中川さん。くりこま高原自然学校の元スタッフでもある。この拠点は毎晩19時から中学生たちの学習塾もひらいてきた。「ともにいる」ためのさまざまな形が実装されていて、胸を打つものがあった。

2011年5月14日　塚原俊也さん

を目的にした仕事の尺度では測《はか》ることのできない活動を日々重ねている。
つねづね「仕事」という言葉の意味が換金労働に固定されがちな状況をつまらなく感じていた自分にとって、そうではない仕事の姿、ただ「働き」と呼ぶ方が相応《ふさわ》しい動きのあらわれが嬉しい。

ボランティアは下手をすれば集団的お節介だ。でも相手をよく見てかかわり、健《すこ》やかなやり取りが交わされれば、一方が他方を救ったり助けているわけではなくなる。双方の営みになり、結果として両方が元気づく。「がんばろう」という言葉を交わせるのは、本当はその後だと思う。

45号線は崖崩れで通行止めになっていると聞き、三陸道に乗り直して北上。桃生《ものう》津山で降りて東の沿岸部へ向かう。
車を走らせながら再び塚原さんの話を思い浮かべる。「知らない場所に行っても結構自分なりに動けるのは、たぶん〝自信〟

45号線
宮城県仙台市から、三陸海岸など太平洋沿岸を経て青森県青森市に至る一般国道。

なんだと思う」と話していたな。

自信がないと、相手や状況に合わせることで自分の居場所を確保しようとする。周囲を窺《うかが》うような態度が現れる。でも確かに彼には、その類の挙動が一切見受けられなかった。

東京で街角を歩いている時も、ごくたまにハッと目を奪われる類の人がいて、そういう人には「一軒の家」のような感じがあるのを思い出していた。あの存在感と似ている。どんな場でも、どんな人の前でも、態度やあり方が崩れない人。かといって頑《かたく》なではなくて。

要は自立しているということか。

「いま、地方で生きるということ」というテーマを片手にこんなことを考えるのは、個人のあり方をめぐるこの話が、地方のあり方にも同じく当てはまる気がするからなのかな。

いや、塚原さんが自分にとって眩《まぶ》しかったということのほうが大きいか……など考えながら、車は峠を越えて進む。戸倉を経て、海沿いに志津川《しづがわ》方面へ。これでもだいぶ片付いたのだろう。路面は見える。けどまちは失われている。川に架けられた仮設の浮き橋を渡った。

今夜は川北《かわきた》あり（流玄《りゅうげん》）という友人を訪ねる。南三陸町から海沿いに少し北に上った荒砥《あらと》という地区を目指してくれと言われていた。

初めて彼に会ったのは、２００６年に清里《きよさと》で参加した非構成的エンカウンターグループ。それ以来の付き合いで、時々つるんだり、からかい合っている。暴走族の元リーダーというのがキャッチーな紹介だけど、まあいろいろあったギザギザハートのいいあんちゃんである。

大阪の出身。以前、阪神淡路大震災の時には事情があって、近くにいながら現地にかかわれなかったのを残念そうに語っていたので、もう現地に行っているだろうと思っていた。

今回彼は3月22日から被災地に入り、最初は南三陸町のベイサイドアリーナという大きな避難所でボランティアとして活動。4月に入っていったん関東に戻り、今度はボランティアとは違う枠組で現地へ入り直し、日々活動中だという。

非構成的エンカウンターグループ
心理学者のカール・ロジャースがカウンセラー養成の手法検討の中で開拓した、グループ・カウンセリングの方法。

南三陸町
太平洋に面する宮城県北東部の町。志津川町と歌津町の合併によって2005年に生まれた。リアス式海岸特有の美しい景観を誇り、沿岸部は国定公園の指定を受けている。

志津川の街並みがあった場所を越えて、再び海沿いの道へ。両脇の木立には車や船が転がっている。

しばらく進むと海側の崖上に保育園があった。入口脇の倉庫が、彼が地元の水産業者さんに借りている活動拠点だ。高台にあるこの保育園も波にのまれたようで、建物は大きくは壊れていないが、家具が散らばり、園庭の奥で自動車がひっくり返っている。

ティーバッグの紅茶で互いの元気を祝い、ひっそり営業を再開していた小さなカフェを見つけて彼の話を聞いた。

2011年5月15日

川北ありさん

「自分は〝機会〟に身を置いている感じがする」

川北は4人の仲間と、4月18日から2度目の被災地入りをした。彼らは自分たちをボランティアと名乗っていない。現地の人々に声をかけて、時間あたり1000円の支援金を払いながら、津波のあとの片付けを軸にしたさまざまな活動を行っている。

3月下旬の最初の被災地入りで、彼はボランティアという立場というか、かかわり方に疑問を感じたようだ。

被災地の人たちには、自分たちで自分を立て直してゆく力がある。外から供給される物資や支援がむしろその邪魔をしているんじゃないか。緊急救援期を過ぎた地元の人たちにいま必要なのは、被災者という立場を離れて動き始めること。そして地

1：東北行（河北、南三陸、登米、釜石、遠野、秋田）

域に仕事をつくり出してゆくことじゃないか、と考えたようだ。

彼はある若い資産家に相談して小さな基金を設立。そこから人件費を拠出する形で、地域の人たちが動く流れをつくり、同じく自分たちも基金から人件費を受け取っている。

〝奉仕〟でなく、できるかぎり対等な関係でかかわり合うための工夫を講じているのだろう。資金の提供者にとっても、使途の不明瞭な大きな義援金のプールに寄付するより、つぶさに活動内容が見えるこの形は納得感があって良いのではないかと思った。人々の手にダイレクトに届いてゆくし。

この活動はむこう半年つづけるという。僕にとって今回の川北の動きは、「地域の人とともに生きてゆく拠点づくり」の一つに見えていて、ここに住み着くつもりはないにしても、彼が今、自分の生きてゆく場所についてどう考えているのか聞いてみたいと思っていた。

しかし、そもそもどんな経緯でこの活動に至ったのか？

「むしろここからは〝仕事づくり〟だなと思って」

川北　去年1年間やっていた店が、建て直しで暮れに閉じて。2月の頭から一人でイタリアに行ってた。スペイン、フランスと回って。娘の中学の卒業式にあわせて3月8日に帰国。11日に卒業して、震災があった。

　1カ月間一人で旅しててんけど、「もう自分のことはええわ」って思ったのね（笑）。なんかこう好きにふらふらするのも、もうしばらくええなと。お腹いっぱいという感じで。

　店を一緒にやってたやつが震災後ずっといろいろ動いてた。「よう頑張っとるなあ」と思ってたら現地に入ると言うんで、じゃあ俺も一緒に行こうかと。南三陸町に入って、社会福祉協議会の人や他の団体とボランティアセンターの立ち上げにかかわって、2週間ほど大きな避難所におった。物資がすごいことになってたんで、その片付けや整理のリーダーシップをとりな

川北あり
大阪生まれ。中学の半分を矯正施設で過ごし卒業後働く。一時は年商数億の会社を経営。後年、世界中の精神的コミュニティに滞在し無数のワークと瞑想を経験。ワークショップランド代表として各種プログラムを企画・実施。2010年は杉並区堀ノ内の古い民家で1年間限定の店「ここち屋」をつくり切り盛りした。節目ごとに自分の呼び名を変える。東北にかかわる以前の数年間は「流玄」の名前で親

がら。

でも、その中でいろいろ感じることがあった。届く支援物資に「私はあなたと共にいます」とか書いてあるんよ。でもどこにおんねん。どこにもおらんやん。なんでそういうことをのうのうと書いてくるかな。「頑張ってください」とか「いつも一緒です」とか。

現場に来るボランティアも、地元の人たちにそういうこと言う。でも頑張ってなんて言われる筋合いないやろ。「あきらめないで」って、全然あきらめてないよ、ここの人たち。足りひん物資は確かにありがたいねんけどね。この人たちは決して「かわいそうな人たち」じゃないでって。

むしろここからは「仕事づくり」だなと思って。4月の頭に一度戻って少し考えたり準備して、もう一度新しいチームをつくって入ってきた。で、3週間ぐらいになるかな。

親子代々漁師の若者と出会いがあってね。彼らと一緒に、地域の人たちに声をかけながら、津波のあとの片付けを中心にし

しまれていた。

社会福祉協議会
民間の社会福祉活動を推進する、営利を目的としない民間組織。1951年に制定された社会福祉事業法（現在の社会福祉法）に基づいて設置されている。

た作業をしてる。支援金って形で時給を渡して。いま毎日35人ぐらい集まっているかな。

あと観光協会の若い人や地域のいろんな人と、仕事をつくっていく相談に乗ったり、話を交わしてるところ。


――この場所とはどうめぐり会ったの？


川北　自分が活きるのはもう大きな避難所じゃないなと思って。前に1回だけ荒砥の避難所の小学校に物資を持っていったことがあったんだけど、そのイメージが降りてきてた。

で、ひとまず荒砥のそこに仲間と車で着いて、「さてどうしよう？」と。乗ってた他の4人に「それぞれ散ってできること探してこようか？」と（笑）。そしたら、道を挟んで向かい側のガレージの中でお爺ちゃんとお婆ちゃんが掃除してて。津波を被《かぶ》って中はぐしゃぐしゃだった。

仲間の一人が「何かやれることありますか？」と入っていったら、「ああ、そうかぁ」と。で、5人でガーッと片付けた。

メンバーの一人に整備士がおって、車もぐちゃぐちゃになってたけど、みんなで動かしてエンジンかかるか確かめたり。「地元に仕事をつくりに来たんや」と話したら、「じゃあうちの片付けやってもらおうかな」と。いきなり仕事とれた！と思って。そこの片付けは二日で終わって、「ガレージの2階を拠点に使っていいよ」と言ってくれた。

「自分のおるところで生きている」

——この活動はむこう半年ぐらい、と言ってたよね。

川北　ここで生まれて生きてゆくのはここの人やし。俺も家族あるし、いつまでもいてずっとだらだらもしてられへんから、まあ期間を決めて。彼らが自分らでどんどん仕事をつくって、希望みたいなものを持ちながらやっていく流れにかかわるのに、半年くらいはまあちょうどいいかなと。

前の阪神淡路大地震の時は、その頃持っていた会社の事情で行けなくて、罪悪感というか不甲斐なさで1年ぐらい神戸に入れんかった。

子どもらには「あの時行かへんかってほんま後悔したんや。俺は自分がこういう現場できっと活きるのを知ってるから、今回は後悔したくないし、行かせてほしい」と言って来たな。

〝活きる〟というか、俺の持っているものを活かせるというか。腹の据わり方とか、気合いとか。ぶれないなにかとか。

支援という感じで来ているわけじゃない。「使ってくれ」「使えるよ、俺」という感じで、「ここのために」というのもない。俺が活きる場所やと思って来てる。

自分の意思で動いている感じも少なくて、なるようになっていることに乗っかっているというか。自分がやっている感じはあまりないから、あんまり責任感とかないんだよね。

――自分が生きてゆく場所を、どう考えている?

川北　どうだろうなあ。今の家は千葉にあるけど、それはやっぱ嫁さんが大きいか。家族の気持ちみたいなもので決めてるかな。で、そこを港とか拠点にしている感じもない。あの家は気に入ってるけど、そこに根づいてなにかしたいっていう気にならんもん。俺自身はいつも、とんで回っている感じだよね。

――コミットするのは。

川北　……地域ではないなあ。土地でもないね。場所というより「機会」みたいなものかな。自分は「機会」に身を置いて、そこで暮らしている感じがする。

昨年やってた店も場所はどこでも良かったから。今回もここは好きやけど、ここである必要があるかというとそうではないし。自分のおるところで生きている。「行ってそこでなにかをする機会」に、俺は身を置いている気がするな。

1：東北行（河北、南三陸、登米、釜石、遠野、秋田）

2011年5月16日

柴田道文さん

「本当にオーガニックな状態になることが大事だと思うんです」

2週間前、Sさんに仙台から登米まで送っていただいたと書いたが、その道すがら彼が「友人がカフェをやっていて朝食をお願いしてある。ちょっと時間が早いけど、会わせたい人間なので寄っていきましょう」と連れて行ってくれた場所があった。

登米は仙台から車で1時間ほど。北上川の西側に広がる平野で、お米処《こめどころ》として名高い。陽当たりもよく、水も豊富な、農業を中心とする豊かな地域だ。

いま何気なく「豊か」と書いたけど、豊かさってなんだろう？　十分な陽光と水と食べものは生命維持の条件だ。生命が安心を得られることが、まずは豊かさの基盤なんだろうか？

立ち寄ったそのカフェは「GATI」といい、登米市南部の田んぼの風景の中にあった。隣に接骨院がある。建った順番はそちらのほうが先で、院長の柴田道文さんが今から4年半前に思うところあって建て増しした。

吹き抜けが気持ちいい店内には大きな写真が何点か飾られていた。ギリシアかどこかの荒れ地のような、舗装されていない一本道を撮った白黒のプリントが、螺旋《らせん》階段の前の壁に飾られている。作家名はわからないがユージン・スミスの名前を思い出した。柴田さんは写真と音楽に通じているようだ。右手にはステージ的に使われている一角があり、ターンテーブルのセットがある。

窓の外には、少し先の丘につづく田んぼの風景が広がっていて、それを借景にしたウッドデッキがある。角度の低い朝日が景色に陰影を与えて、一日の始まりの、ところどころにオレンジ色が混ざった水色の空が広がっている。

CAFE GATI
「宮城県登米市登米町の田んぼの中にあるカフェ」
www.cafe-gati.com

柴田さんは奥さんと3人の娘さんと暮らし、接骨医として働きながら、仲間と「GATI」を運営している。敬愛するミュージシャンを招いて、月に何度かライブを開催。毎年初夏と秋には地元の農業と音楽をつなぐイベントも開催しており、今年も開かれるだろう。

彼はこの土地で生まれ育った人だ。南三陸の内陸部に広がるこの地域には被災地のようには見えない穏やかさがある。けど実は使えなくなってしまった建物も少なくないと聞くし、接骨院のまわりでも地盤沈下が進んでいるようで、玄関ポーチにはちょっとした段差が生じていた。

地域経済の課題はこれから次第に輪郭をはっきりさせてゆくだろう。最大余震も気がかりだし、冷温停止状態の女川《おながわ》原発もそう遠くない距離にある。

柴田さんは今、ここで生きてゆくことを、どう考えているだろう? あらためて話をうかがいに訪ねてみた。

女川原発
女川原子力発電所。宮城県牡《お》鹿《しか》郡女川町と石巻市にまたがる東北電力の原子力発電所。

「都市より圧倒的に優位性がある」

――接骨院は、家業ですか？

柴田　はい。3代目です。28歳の頃に親から引き継いで、もう12年になる。継ぐ気はまったくなかった。親も「将来性ない」とやらせたくなかったようで。兄弟は3人いて、長男は公務員、長女も全然違う仕事をして。

僕は少し興味があって農学部に行ったんですが、思いっきり体育会系で、大学4年間ほとんどアメフトで終わってしまった（笑）。でもそれを通じて、外部のコーチやトレーナーが親と同業（接骨医）であることを知って、スポーツにかかわりながらそんな仕事をしてゆけたらなと思っていたら親が倒れて、急展開で継ぐことになったんです。

接骨院を新築して開業して。で、5、6年たった頃から、ムズムズとしてきた感じがやっぱりあって。ＧＡＴＩを始めたんですね。

登米はすごくいいところです。川もあるし海も近いし、お米も野菜も本当にクオリティーが高くて、すごい生産者がいっぱいいる。過疎地だけど、都市部より圧倒的にいろんな優位性があると思っている。

――優位性？

柴田　震災が起きた時も、こういうところのほうが絶対に都市より強いなと。食べ物にしてもそうだし、今回の災害では都市部の脆《もろ》さがもろに出たと思うんです。

けど、やっぱり文化的なものというか、ちゃんと遊べるところがない。食い物が美味くて、環境も良くて、仕事もあって、あと好きな音楽やアートが楽しめたらもう完結だなと。それだけがないと思っていた。

柴田《しばた》道文《みちふみ》
1972年登米市生まれ。東北大学農学部卒。柴田接骨院・院長。接骨医としての仕事の傍ら、カフェ「GATI」をオープン。地元の若手農家・櫻井利光さんや、カフェスタッフの嫁（幸恵）、アヤ（菅原綾）、トモカ（及川智香）さん等とともに、日々の運営を重ねる。

でも、なんて言うんでしょう。カフェで業務用の食材でなく、地元の農作物を扱いたかった。いい作物をつくっているけど対外的に知られることが少ないので、そこをフィーチャーしていきたいと思って。

ところが、感性の部分でいろいろ共有しながらやっていけるような生産者はなかなかいない。一緒に遊べるような農家さんは。

そんなふうにできなかったら、それこそある意味オーガニックでないというか。「売る」「買う」だけでなく、深いところで互いに尊敬し合える関係がなかったら、彼らがやろうとしていることを僕らも伝えることができない。

とはいえ探しようがないな……と思いながらつづけていたら、中高生の頃うちの接骨院に通っていた男の子が、東京の農大をやめて帰ってきたんです。「農業やるのに農大に行って失敗した」と言いながら。櫻井っていう。帰ってきていま3年目ぐらい、歳は23くらいですけど、やっぱり新しいんですよ。考えていることも取り組みも。

彼の実家はもともとキャベツ栽培中心の農家で、できるだけ収益性高くしてやってきた。けど、彼自身はモノカルチャーはあまりやりたくないと。戻っていきなりはできなかったけど、徐々に自分のやりたいことをやっている。

たとえば今年は少量多品目の野菜づくりに思いっきり傾注《けいちゅう》しています。もちろん自分で販路を見つけて、つくりたい野菜を提案したり、八百屋さんや料理人の意見を参考にしてね。GATIのフードの女の子とも櫻井は本当にがっちり組んでいて、やりたいことを突き合わせながら、とてもいい関係でやらせてもらっている。

価値観や感性を共有できなかったらつまらないし、興味がないというか、そうでなかったら面白くもなんともない。少なくともこのカフェではそれをずっと続けたいんです。なんとか終わらせたくない。

櫻井と毎年「農MUSIC農LIFE」っていう、田植え・稲刈りと音楽のイベントを企画してるんです。お客さんやミュージシャンと田植えをして、夜はライブをしたり。ライブを前夜祭にして翌日刈り取りをしたり。

そこに80歳前ぐらいの高齢の本当にラストサムライ、ラストインディアン、ラスト農家みたいな人がいて、来てもらってるんだけど、彼は何も使わずに身体一つですごいものをつくる。

――すごいもの。たとえば？

柴田 「縄《なわ》ない」ってわかります？　しめ縄を藁《わら》から編んでいくんです。ワークショップをやってもらったんだけど、スキルと完成度がとてつもない。手刈りをしていた世代で、むしろそっちのほうが長いと思うんですけど、見本でちょっと見せてくれる身のこなしだとか肉体的にもう全然俺らより上。格が違うんですよね。もう笑ってしまうくらいすごくて。形は違うにしても、そういうふうになりたいんです。

農MUSIC農LIFE
柴田道文さんが地元の若手専業農家・櫻井利光さんたちと手がけている、農業と音楽と生活のイベント。

そのお爺さんは詩も書くし、踊りもやっていたし、自分の感性で工芸品もつくっていて。なんだかものすごく豊かなんですよ。ほんとに僕らが目指しているものが集約しているというか。自分でつくり出して、遊んで、食糧もつくって。しかも技術は高くて、人に喜んでもらえる。もう「すげぇなあ」と。どこにも依存していない。本当に自由な感じがして。どこか違う国へ行っても、この人はなにかできるんだろうなって。

「互いに自立していなかったら、ちゃんと遊べない」

柴田　ワークショップで縄を編んで日本の稲作文化を残しましょう、って感じでもないんですけど、それを体現している人間を知ることは、今後の僕らにとってすごく示唆《しさ》的であるというか。

今回の震災を通じて、「自分たちでエネルギーをどうしていこう?」とか「食料をどうしなきゃいけないんだ?」とか、さらに「どう文化的に生活してゆこう?」と考えていった時、やはり彼の存在は大きい。

こんな人がごろごろいたのかと思うとすげぇなと。「昔は良かった」というわけじゃなくて、「なにが豊かになったのかな?」と思う。

僕も櫻井も〝いわゆるオーガニック〟には抵抗があるんです。ただ安全だとか有機とかじゃあ、なんだか原発の路線に近くなってしまう。

〝嘘がない〟というか、変に奇をてらわずにつながってゆくというか。そんな関係性の中で、本当にオーガニックな状態になること、有機的になることが大事だと思うんです。

もちろん安心や安全を求める気持ちはわかるけど、それはもうあたり前のことだし、簡単ではないけど、生産者と付き合えばいいだけのことでもある。JAS認定じゃなくて、自分が好きな人がつくっている物を食べればいいだけのことだったりするんじゃないかな。

信じている人がつくった物を食べることのほうが、農薬使っ

オーガニック
化学合成農薬や化学肥料に頼らず、有機肥料などにより土壌の力を活かして栽培する有機栽培農法とその作物を指す総称。

JAS認定
農林水産大臣が定める品質基準とそれにともなう表示基準。ここでは、有機農産物を対象とする「有機JAS認定」を指している。

ているとか使ってないといったことより大事な気がするんですよね。

――大賛成です。

柴田　そこから話してかないと結局噛《か》み合わない。農薬にせよ原発にせよ、推進派も反対派も、どっちも戦えないところでディスり合っている。それはどんどんヒステリックになってゆくし。

　そのどちらでもなくて、本当の意味でオーガニックな状態になっていくといいと思うんです。食べることだけじゃなくて、すべてにおいてそういう循環的な関係をつくっていきたい。

　GATIはやりながらだんだんそうなってきた。4、5年前に比べると達成できていることもたくさんあります。でもこと売上げについてはなにもうまくいっていない。経営能力のない僕の責任なんですが。守るものは守らなければと思って、いろんなやり方をトライし始めていたところに震災が来た。

そして「そのうちやらないとな」と思っていたことが、全部「今やんなきゃダメだ」という状況になった。経営についてもそうだけど、自分たちで発電したいとか、これまで便宜的に少し農薬を使わざるをえなかった野菜も、もう無農薬でやろうとか。


農業は、農協との付き合いが多ければ多いほど、国の政策に翻弄《ほんろう》される側面があります。もちろん自分でやったからって安定するわけではなくて、むしろ不安定になる。接骨院も健康保険制度の傘の下で守られていて、実際それがなくなったら生業としてどうなんだというのはある。にしても、どうそれらを切ってゆくことが可能か。

そうした事々を、すべて早急に進めなければならないものとして突きつけられた感じがしているんです。

なにかに依存しているかぎり当然そこでリスクが上がる。こ

農協
農業生産に必要な資材を共同で購入したり産物を共同で販売する、農業協同組合法にもとづく組織。

健康保険制度
加入する被保険者が医療を必要とする際、その費用を保険者が一部負担する制度。日本では国民皆保険として、全国民の加入が定められている。

こは女川原発から30～40㎞で「ここを追われる日が来るんじゃないか」という可能性が、低いにしてもこんなにリアルになっている。

「いつここを去っても大丈夫」な状態にならなきゃいけないいんだなと。本当にポータブルに。地球の裏側に行っても成り立つような仕事やスキルを持ちえてないと自由になれないんじゃないか。そういう話を常々、櫻井やスタッフと話している。そうでないと本当に楽しめないというか、そういう人間同士が集まった時、はじめてなにかできるんじゃないか。

こういう自分の考えにはミュージシャンたちの影響が強いと思う。言葉というか、彼らの行動から受けたものが。彼らはグループや事務所に属していたりもするけど、基本的には、ピンで生きてゆけないと意味がない存在で、オーディエンスもそこが見たい。

自分らもそうだよなと。商売にせよ遊びにせよ、何事においても基本やっぱり〝一人でできる〟ということですよね。「自立」というか個々のパワーアップがないと、最終的に単なる村社会のようになってしまう。とりあえず集まっているだけっていうか。

GATIを4年やってきて思うんです。ただみんなが集まったところでなにも起きやしない。互いに自立してなかったら遊べないし、楽しくないんだって。

自分の好きなミュージシャンに来てもらって楽しんでいるだけじゃ、上の世代が演歌歌手招致して喜んでるのと変わらない(笑)。そうではなくて、やっぱりなにかが起こる仕掛けにしていったり、自分たちのポテンシャルを本当に上げてゆくためのものでないと。

それぞれが「どこに行っても大丈夫」なぐらい自立していて、それでなにか一緒にした時、本当に面白いことができるんじゃないかな。かなり理想的というか、あってないような話かもしれないけど、そこを目指したい。生きているかぎりド・フリーということはないと思うけど、結果的にどこまで依存を少なくしていけるか。

でもそんな話をすると、嫌われる人には嫌われますけどね。もう本当に閉じた世界というか、日本にはきっと「そこでしか通用しないルール」がいっぱいある。そこから脱しきるには確かにパワーも必要だろうし障害もあると思うけど、この期《ご》に及んでそんなこと言ってたらなにも変わっていかないだろう。

世の中は知らないけど、せめて自分は淡々と進めていきたいと思っています。

動きたいけど動けない？

柴田さんのインタビューを終えて、登米のRQ本部に着いたのは20時頃。体育館の扉をあけると、約80名のボランティアがミーティングの真っ最中だった。

全国から集まってきたさまざまな年齢と背景の人たち。二日ほどで帰る人もいれば2カ月以上滞在している人もいる。この日はイスラム信者の方がいて、ミーティングが終ってからメッカの方角にお祈りを捧げていた。

総務メンバーと打合せ、頭を切り換えてRQの作業を始める。体育館は23時消灯。大勢の寝息が、外の蛙《かえる》の合唱と一緒に高い天井に響いている。総務が使っている小部屋で朝まで働き、ご飯を食べに起きてきた人々と交代で空いているテントに入り、3時間ほど仮眠をとった。


柴田さんは「ここを追われる日が来る可能性がこんなにリアルになっている」と語った。

東京で暮らしている自分も、それは同じだなと思った。


RQの広瀬さんは、今回の震災は現地に来るボランティアの数が以前より少ないという。被災地が広域で、現場あたりのボランティア密度が低くなりやすいという理由があると思うが、実際、動けずにいる人も多いのではないかと思う。

日本列島が地震の活動期に入っていることを、今回あらためて多くの人が認識した。つまりこれは東日本にかぎった話ではない。原発も沖縄を除く国土全体に点在しているので、日本人はある意味みんなが準被災的な状態にある。と考えれば、自分の足場が心もとなくて、遠い被災地に足を運べずにいる人も多いんじゃないか。

ボランティアにかぎらず避難や移住についても、動きたくても事情が許さない人や家族も多いだろう。

でも柴田さんだって、登米から出たくてあんなことを言っているわけじゃない。いつでも離れうる自立性がないと「ちゃんと遊べない」、つまり心の底から楽しみ合えなくて、それがなかったらやってられないという気持ちが震災でよりハッキリしたという話だと思う。

稲作を中心とした農耕文化を長く営んできた日本人には、土地に根を下ろす感覚が強いと言われる。けど国策であったにしても、満州に移り住んだ人々のことや、ブラジルやハワイへの移民、人が暮らしていない山奥の土地を開墾《かいこん》してきた昔の人々のことを考えると、たとえ日本人でもいざ必要となれば馴染んだ土地を離れて動く人は少なからずいるはずだ。切実な状況があれば。

むしろ「動きたいけど動けない」というメンタリティは、僕らの親世代のそれなんじゃないか？ 動けない（動かない）自分たちの気持ちを、日本人の土着性をひいて正当化しているんじゃないか。

そのさらに年上の、この世を去りつつある世代のお爺ちゃんやお婆ちゃんたちは、話を聞いていると、もっと自在に動いて生きてきた感があるし、国や行政の力もそれほどあてにしていない印象がある。

「お金がないと生きてゆけない」とか「そうは言っても仕事（会社）が」とか「国が明確な方針を示すべきだ」とか「行政の指示を待って」といった言動を強く示すのは、高度成長期からバブルの頃に働き盛りだった僕らの親世代で、年下の世代は、年齢が下がれば下がるほど、他人やシステムに期待する前に自分にできることからとっとと始める人が多いように見える。

柴田さんはこんな話もしていた。

柴田　移民にせよ開拓にせよ、動いていた世代の人たちは「やらざるをえない」からやっていたと思うんです。移り住むということを。人生のある時期に国境を越えて暮らしていた経験を、普通に話して聞かせてくれる人は多い。

——(一昨日雄勝の漁村で会った漁師のおじさんも、尋ねたわけでもないのに、彼がアフリカで一本釣りの漁船に乗っていた時期のこと。そこで見た現地の貧しさの話を聞かせてくれたな)

柴田　でも今はなぜか、なかなかそういうわけにいかない。正確に言うと、いかない人が多い。今のほうがよほど動けそうな気がするんですけど、そうはならない人が多いのはいったいな

ぜだろう？

人間の土地

昼過ぎにRQの作業を終えて登米の体育館を出た。次の場所へ。再び三陸沿岸部に向かい、歌津の拠点に立ち寄って、夜のうちに気仙沼《けせんぬま》の唐桑半島にあるRQ拠点に到着しようとしている。

歌津はインフラの復旧がなかなか進んでいない。被災地の小中学校の中で、始業式もいちばん遅かったという。

RQの拠点は歌津中学校から少し坂を上がった空き地にあり、事務室とキッチンがコンテナで組まれている。その正面のテント村でボランティアは寝泊まりをする。ここはまだ水道も電気もなくて発動機を回していたが、もうじき太陽光発電のパネルが設置されると聞いた。厨芥《ちゅうかい》ゴミもコンポストで土に戻していて、小さなエコビレッジのようだ。

歌津での打合せを終え、夕食のカレーライスをご相伴《しょうばん》にあずかってから唐桑へ。カーナビは海沿いの道を走りたくないようで、真っ暗な山道に導かれて気仙沼へ向う。街を流れている川の南側は比較的街並みが残っていた。市街地を抜けて北上をつづける。45号線をはずれて半島に入り、津波で全壊したと思われる小さな入江の集落を抜けた。家屋の形はなく、瓦礫が積み重なっている。

その集落の、防波堤から数メートルも離れていないところに一軒、新築中の家がライトの光の中に浮かび上がった。ちょうど断熱材を貼り終えたところのように見える。「建て直してこの場所で暮らすことを選んだ人がいるんだ」と思いながら、車を先へ進めた。

翌日の午前は打合せ。唐桑のRQ拠点には北海道・NPO法人霧多布《きりたっぷ》湿原ナショナルトラストのスタッフが交代制で入り、ボランティアのコーディネートにあたっていた。霧多布湿原の広がる北海道東部の太平洋沿岸では、約500年周期で大地震が生じていて、湿原はそのつど大きく津波に洗われているという。

午後から釜石方面へ。

被災の重度を比べることはできないが、津波による物理的な影響は地形によって大きく異なる。河口沿いの平地に街がひろがっていた（と思われる）陸前高田《りくぜんたかた》は、ほんとうに平野になっていた。

ランドスケープや地学を学んでいる人たちはこの風景に、痛みや悲しみと同時に、ありのままの自然の営みを見ていると思う。浸水域が形成され、追って平野に戻ってゆく遷移《せんい》過程を。人間はどこで生きてゆけばいいのか。

以前サンフランシスコを訪ねた時、複数の人が「ここはアメリカでもっとも恵まれた土地なんだよ」と聞かせてくれた。ニューヨークの寒波《かんぱ》は尋常でないし、南部は台風と洪水、中部は竜巻と山火事、ロサンジェルスはもともと人の住めない乾燥した土地にロッキー山脈から大量の水を引いて成り立っている人工的な都市。サンフランシスコ周辺の自然環境がアメリカではもっとも人間に優しく、生きてゆきやすい場所なんだ。だから引っ越してきた人には「よく来たね。大変だったでしょう」という気持ちになる、と。

生命の維持が難しい場所で生きてゆくには、人工的な仕組みが要る。つまりシステムが重要になる。

それがさほど強固でなくても生存できる場所がたとえばアメリカならベイエリア界隈《かいわい》だとすると、そのあたりにシステムから逃れたい人、より自由に生きてゆきたい人々が集まり、ヒッピームーブメントや人間性回復運動の高まりがあったのも、一つの生物的な帰結なんだなと思う。

以前ニュージーランドを訪ねた時、その街並みを見ながら考えたことを思い出した。

ニュージーランドの東海岸にネイピアという街がある。パルプを輸出する港として栄えた時期があり、多くの建築が、同じ

ヒッピームーブメント
既成の価値観に縛られた社会生活を否定し、自然への回帰を提唱するムーブメント。1960年代後半、おもにアメリカ西海岸の若者の間で育ち、世界中に広まった。

人間性回復運動
1960年代のアメリカの心理学分野で生じたムーブメント。「人間性」や「人間の潜在能力」の回復・発展を志向する。

頃にニューヨークで流行《はや》ったアールデコの建築様式を取り入れている。高層化する必要がないので低層だが、意匠的には立派なアールデコで、それを見に訪れる観光客も多い。

オークランドの街並みにも同じくアールデコ調の建物は散見された。写真ではあまりわからないのだけど、原寸大の建物に接しているとニューヨークのそれとは随分質感が違う。どことなく緩くて、「このへんでいいか」という感じで仕事が止まっている印象があった。

手を抜いているというより、これは気候によるものだと思う。ニュージーランドは南太平洋にあり、とくに北島は基本的に暖かい。いわゆる南国的な環境条件があって、環太平洋火山帯が形成した列島の土は有機物が多く作物も豊富。日本と同じく地震はあるけれど、普段は生命にとって極端に厳しい土地ではない。

一方ニューヨークは極端に厳しい場所だ。ビルや空調など、人間が整えた環境のまったくないニューヨーク島の自然の中で、1年を通して生存できるのはかなりサバイバルスキルの高い人

アールデコ
Art Déco　ヨーロッパとニューヨークの摩天楼を中心に、1910年代半ばから1930年代にかけて発展した建築を中心とする装飾様式。

だと思う。そんな環境条件の中で生まれたアールデコという建築様式は、実物を見るとかなり鬼気《きき》迫るものがある。それは「人間の土地」への祈りとして、人々が形づくった造形なのだと思う。

同じようなことがドイツ哲学にも言えると思う。列強に囲まれた、自然環境も厳しいヨーロッパの一角で、「生きる意味」を問わざるをえなかった営為《えいい》の成果がドイツ哲学であると理解している。

こうした煩悶や祈りの一端が、僕らの接してきた文学にもなり、アートにも音楽にもなってきたのだと思うと、より生きやすい環境を探してゆくことだけが是《ぜ》であるとはどうも言いがたい。

走る車から被災地の風景を眺めながら、「僕らは幸せになるために生きているんだろうか？」ということを幾度か思った。「幸せになりたい」というアイデアを手放しさえすれば、どこでも十分に生きてゆけるんじゃないか。むしろそのアイデアによって、がんじがらめに不自由になっているんじゃないかな。

釜石を越え、海沿いに大槌《おおつち》町方面へ。鵜住居《うのすまい》で左に曲がり、遠野《とおの》につながる小さな谷筋に入った。この奥の橋野町の、川沿いの古い保育園を借りて、北海道のある自然学校が支援活動を重ねていることをRQを通じて知っていた。

彼らは震災翌々日の13日には早くも現地入りしていた。実家が釜石にある25歳の女性と、その自然学校の代表格の2人の計3人で。彼女は現地にとどまり、これを機に地元で仕事を始めるつもりだという噂を聞いていた。一度も会ったことのない人だけど、その柏﨑さんの話を聞きに向かっている。

「この日は保育園前で青空喫茶をやっています」というメールをいただいていた。到着は夕刻に。すでに青空喫茶は一段落し、彼女たちはブルーシートのタープの下で夕食を食べ終えようとしていた。

青空喫茶
10時開店
15時閉店
・支援物資の無料フリーマーケット
・喫茶（コーヒー　おかし）
北海道・NPO法人

2011年5月19日

柏﨑未来さん

「東京に出ている友だちに、釜石に戻ってきてほしい」

北海道の自然学校「ねおす」は札幌に事務所があり、道内の森や山の中に数カ所の自然学校を開いている。

中心人物は高木晴光さん。千葉県・船橋の生まれで、大学は北大の農学部。札幌の商社に就職、仕事を通じて自然体験型プログラムに関心が移り、いくつかの段階を経て、1992年に道南の寿都郡《すっつぐん》黒松内町《くろまつないちょう》に「北海道自然体験学校NEOS」を開設した。以後、NPOの自然学校と若い人々を育てながら現在に至る。

3月18日の高木さんのブログにはこのように書かれている。

「私たちは片岸・鵜住居地区の上流に拠点を置いて、長期的に子どものケアを中心とした活動を展開する体制をつくろうとしています」

北海道から釜石というワンポイントに飛び込んでいったのは、先に書いたとおり、スタッフの柏﨑未来さんの実家がそこにあったからだ。

震災から2カ月が過ぎ、彼らの活動は過渡期をむかえている様子だった。生活物資の配布を軸にした初期の緊急支援期が一段落し、平日には学校も始まったので子どもたちの居場所づくりの必要性にも変化があり、一息ついて、このあとの支援の形を模索しているように見えた。

翌日、他の仲間が活動に出かけた頃、園庭で彼女の話を聞かせてもらった。

「自分たちが引き継いでいかないと消えちゃうものなんだな」

柏﨑　私は、釜石の片岸という海沿いの町に実家があるんです。昔から地震は少なくないし、10㎝とか1ｍぐらいの津波はよく

柏﨑《かしわざき》未来《みき》
1985年釜石生まれ。浅井学園大学（現、北翔大学）健康プランニング学科で自然体験やスポーツ・インストラクションを学びつつ自然体験のゼミへ。北海道のNPO法人ねおすが運営する「黒松内ぶなの森自然学校」にボランティアとしてかかわり、卒業後スタッフとして働く。2011年3月11日の震災をきっかけに郷里に戻り、ねおすの災

害支援拠点運営を担っている。

来ていた。地震が起きた時、私は北海道の黒松内にいて、携帯の警報を見せてもらっても最初は「またか」ぐらいの感じだった。

けど、テレビで釜石の映像を見た時に「やばいんじゃない？」って。でも片岸については全然予測がつかなかったので「まあ大丈夫だべな」と思っていたけど、「更地《さらち》だ」とネットで読んで「えーっ！」と。信じられなかった。

私はねおすに入って3年。ちょうど翌日からその集大成のようなキャンプを控えていて、「うまくいきそうだな」という予感もしていた矢先の出来事でした。

キャンプはすぐ中止になって。高木さんから「いつでも釜石に帰れる準備をしとくんだよ」と言われてスタンバイしていたら、「行くぞ」と。思いつくものをハイエースに乗せて。函館からフェリーに乗れるかどうかもわからなかったけど、決断がすごく早かった。

この日はたまたま両親も姉妹も西日本にいて、実家に残っていたお婆ちゃんと、近くの親戚がどうなっているかわからなかった。両親とメールを交わして「お婆ちゃんは栗林地区の親戚の家に避難しているんじゃないか?」と、とりあえずそこに集合することになった。

行ってみたらお婆ちゃんも叔母も従姉妹《いとこ》もみんな集まっていました。1週間ぐらい私は家の中で親戚と、高木さんたちは庭先にテントを張って生活しながら、できることを探していた。盛岡で買ったものや北海道のジャガイモや物資を配りながら活動を始めていったんです。

GWの頃から、遠野のNPO協議会のミーティングにも参加して、鵜住居川沿いの地区は任せるから頼むと言われて。広いエリアで動いているわけではないけど、やってきました。

——いつか地元に戻るつもりだったんですか?

柏崎 あと1年ぐらい北海道で経験を積もうと思っていたけど、

これを機に私は釜石に戻ってやっていこうと思っています。

初めて黒松内の自然学校にボランティアに行った時、地域の小学校の餅つき会に参加させてもらったんです。小学生は10人くらい。あと地域の人たちと、お爺ちゃんお婆ちゃんたちが何十人か来ていた。本当に高齢化が進んでいるところで、でもすごい楽しそうにお餅ついて、一緒に食べて、ゲームしていたんですよね。

爺ちゃん婆ちゃんと子どものつながりがあるって、すごい素敵だなと。「これだ！」と思ったんです。

私、今回の震災で「婆ちゃん死んだかな」と本当に思って。婆ちゃんの団子とか、ああいうものがもう食べられないのかってすごく思った。「消したくない」と思ったんです。ああいうのは自分たちが引き継いでいかないと消えちゃうものなんだなって、あらためて思った。

2011年5月19日　柏崎未来さん

「なんだ、あるじゃない！」

柏崎　地元から「1回は出てみたい」と田舎の人は思う。私もとりあえず北海道の大学に行って都会に出て。暮らしてみて。でも、なんかちょっと物足りなかった。

　私は爺ちゃんや婆ちゃんがすごく好きだから、黒松内でもそういう年代の人たちのほうが話しやすかった。山菜やきのこの採り方だったり、いろんなことを知っていて。「なにもなくても生きていけるぜ」っていう、生きる力っていうのかな。それをすごく持っている人がたくさんいて。いろんな料理もつくれて技術もあって。「私もそうなりたいな」と感じるし、尊敬もできて。

　避難先の本家でも竈《かまど》に火をおこしてご飯を炊いてたんですよ。「何年ぶりだろう」って言いながら、お婆ちゃんが美味しくご飯を炊いていたし、薪割《まきわ》りも爺ちゃんがやっていて。この震災でも寒いだけでひもじい思いはせずに済んだ。彼らの生き方に触れて、あらためてすごいと思いました。

私は北海道で自然を相手に仕事をして、自然の見方を教わった。「北海道っていいところだなー」と思っていたけど、戻ってきたら釜石もいい。「なんだ、あるじゃない！」ってあらためて気づいて、もっと釜石が好きになったんですよね。

こんなにきれいな川もあるのに全然知らなかった。高校生の頃はまだ車も運転できないから行動範囲も狭いし、気づけなかったんです。でもそれが見えた。だから、住んでいたらもっと見えてくるんだろうなと思って。

――ここでどんなことを？

柏崎　お爺ちゃんお婆ちゃんが持っている技術や知恵をものにして、伝えられる人になりたい。

東京に出ている友だちに、「こんな素敵なところだったんだね」と気づいてほしい。そして釜石に戻ってきてほしい。「あんななにもない面白くないところになんで帰るの?」と言われたこともあった。私も昔はそうだったから変えていけるようになりたい。変えてゆきたい。でもどうやるのかまだわからない。

——まずは自分が引き継ぐことか。

柏﨑　うん。それが大事だなと思う。本家の農業を手伝いながらお米をつくったり、漁業もそうだし。

親には「そんなことをしなくてもいいんだよ」と言われる。「後継者がいないから仕方ないんだ」って。土地を売って、そういうのを人にやってもらうのも一つの方法なのかも。けど自分が婆ちゃんだったら子孫に引き継いでほしいと思うから、私はしたくない。人にやってもらうのは嫌だなと思う。自分たちがやるしかない。

「長男だから継がなきゃいけない」ってよく言うじゃないですか。私は長女だけどそういうつもりではなくて、「自分がやりたい」という気持ちがある。津波で被害を受けてしまったから、もう今まで通りにはできないのだけど。

子どもたちにも、自分たちのまちを誇りに思ってもらえるように、こんな素敵なところなんだってことを知ってほしい。山菜も採れるし川もきれいだって。

私も小さな頃は知らなかったから。この土地の魅力を。伝えていくことができるかなって思っています。

でもなによりも大事にしたいのは家族。家族がいなかったら、私はたぶん元気に笑ったり、活動できないと思います。

2011年5月19日　柏崎未来さん

2011年5月19日

徳吉英一郎さん
「人間の自由度の量の問題ですね」

柏崎さんと別れて遠野へ。

気持ちのいい季節に訪れているけれど、この辺りは冬が厳しく、人間が暮らしてゆくには大変な場所だった。

満州事変のきっかけにもなったという昭和初期の東北大飢饉《ききん》は、日本史上最後の飢饉といわれる。身売りや姥《うば》捨てをはじめ、今からすると想像を絶するような局面がやむをえず多々あったろう。そんな場所を車で走っている。

宮本常一《みやもとつねいち》や山本周五郎が編纂した『日本残酷物語』を読むと、近代化が進む前の日本人の暮らしぶりの一端に触れることができる。この本に収録されていた、凶作と飢饉から生徒や自分の子どもを守って苦労を重ね、35歳の若さで亡くなったある女性

昭和初期の東北大飢饉
1930年から1934年にかけて東北地方を中心に度々発生した飢饉。その後半は日本史上最後の飢饉といわれ、欠食児童が続出したという。

『日本残酷物語』
1959〜61年に平凡社より刊行された、全7巻の「流砂のごとく日本の最底辺にうずもれた人々の物語」。民俗学者の宮本常一や山本周五郎が書きまとめた。

教師が勤めていた小学校は、ここから少し北に上った村にあったはずだ。

歴史を一皮剝《む》くと、その下には想像を超える日本の貧しさが横たわっていて、今のこの社会の天国っぷりは、束の間の夢のようなものにすぎないんじゃないか？ という気さえする。

農家の暮らしぶりの改善は、明治の頃から進められた稲の品種改良と、なんといっても石油エネルギーの活用による労働負担の軽減が大きいだろう。

石油による動力が本格的にひろがる前は、牛や馬などの役畜《えきちく》がその負担の一角を担っていた。林業も兼ねて生計を立てていたこの地域の農家では、馬は貴重な存在で、三陸沿岸と内陸を結ぶ兼業の輸送業も支えた。人と馬のかかわりは深く、両者が一つ屋根の下で暮らす「南部曲《まが》り家《や》」という建築様式の農村家屋が多数存在したようだ。

遠野の市街地から北に上がった森と里の境目のあたりに、クイーンズメドウ・カントリーハウス（QMCH）という不思議な場所があり、十数年前に東京から家族で移り住んだ徳吉英一郎さんという人が、馬とかかわる暮らしをしていると知人を通じて知った。

馬とかかわる暮らし？

林の中を抜けて進むと明るい馬場に出た。3頭の馬がこちらをじっと見つめ、近づいてくる。

奥の建物に徳吉さんが待つオフィスがあった。初めてお会いする方ではないような気がする。しばらく話を交わすうち、30年ほど前に一度お会いしていることに気がついた。偶然とはいえ嬉しい。

彼はQMCHに住んでいた時期もあったが、家族の住まいは今は釜石寄りの山里にあり、ここには通っているのだと言う。

僕が携えている「いま、地方で生きるということ」というお題について、しどろもどろ説明したところ、「まあ折角《せっかく》だから」という感じで（優しい！）彼の話を聞かせてくれた。

クイーンズメドウ・カントリーハウス
QUEEN'S MEADOW COUNTRY HOUSE
株式会社アネックスが事業主体となり運営している施設。広域計画はランドスケープデザイナーの田瀬理夫による。

「働きかけることのできる環境が失われていて」

徳吉　20年ほど前、地球工作所という東京の会社にいた時、ある事業計画会社を介して遠野の文化財保護事業の仕事がきたんです。「南部曲り家」という、人が馬と居住するL字の家屋がこの辺りに多くあったけどなくなりつつあると。それを移築し、集落の形で公開してゆくプロジェクト。今の「遠野ふるさと村」なんですけど、足かけ5年ぐらい通った。

その仕事が終わる頃、「これからもこの地域にかかわっていけないかな」と思っていたら「オープン後も企画の仕事がつづくから移って来ないか?」という話を、役所の人からいただいた。

時期的にはちょうどバブルの終わり頃。カミさんは瀬戸内海の出身で東京の出版社で働いてきたけど、そこでの仕事にはほぼ納得がいったと。僕は僕で企画とか、言葉をメインにした仕

徳吉英一郎《とくよしえいいちろう》
1960年神奈川生まれ。環境アセスメントや自然環境を活かした事業設計業務を手がける地球工作所のスタッフとして遠野市のプロジェクトにかかわり、それを機に1996年から遠野に家族で移住。プランナーとして道の駅の開設準備に携わる他、2003年にはグリーンツーリズムを推進するNPO法人「遠野山・里・暮らしネットワーク」を設立。現在はQMCHの管理・運営に携わる。

事をしてきたけど、なにかもっと具体的でリアルなものに行かないとダメだな。行きたい、という気持ちがあって。

それで遠野に移り、ふるさと村のスタッフとして働き始めて。そうこうしていたら先の事業計画会社のオーナーの今井隆《いまいたかし》さんが、「これからの社会の新しい暮らしを模索したい」と相談してきた。「南部曲り家のように馬と人が一つ屋根の下で暮らし、そこに農的な仕事がついているような場所を、現代のライフスタイルに合う形でつくり出してみよう」と。僕らもその考えに共感して。

遠野に移ったのは1996年ですが、2000年にここ（QMCH）ができて、管理人的に住み始めた。娘も4歳ぐらいで乗馬を始めて、今は中学生です。

――この後のことはどうお考えですか？

徳吉　都市に戻ることはないと思います。今も東京に行くと、少しおかしくなっちゃうんですよ。

今井隆
クィーンズメドウの事業主体・株式会社アネックスの代表。都市計画、事業計画分野で仕事を重ねているプロデューサー。

人々が知らん顔で通り過ぎていきますよね。あたり前のことなのに身体が上手に切り替わらない。たとえば車がやってくるたびに、中にいる運転手と助手席を必ず見ちゃうんです（笑）。遠野にいると、知ってる人を見かけたら「やあやあ」と声をかけてゆく。その感覚を切り替えるのが難しくて。

遠野の父ちゃんや母ちゃんはね、物事への働きかけが身体から始まるんです。家畜などの生き物にもそうだし、人間にも。「親父《おやじ》さんどうした？」とか「なんか元気ねぇなあ」って、確かめるように近づいてくる。自然と付き合う身体的な能力とか感覚とか、大胆さと慎重さと美しさみたいなものを、彼らは圧倒的に持っているんですよ。生まれ育ってのものだと思うけど、周囲の世界に身体で働きかけることができるんです。

それは環境に求められているし、許されているからだと思う。土地は誰かの所有物ではあるけど、伐《き》ったり、耕したり、燃やしたり、働きかけを許されている場所がとても大きい。

でも東京は厳密に所有者が分かれていて、邪魔だからって公園の木を伐ってはいけないし、「陽当たり悪いな」って街路樹を伐採するわけにもいかない。みんな許可と外注なんですよね。働きかけることができる環境がまわりから失われていて、その中で、心も身体も萎《な》えてしまっている気がする。

「応答と反応は違う」

徳吉　僕ら家族は遠野に来てから、馬と暮らしているんです。欠かさず毎日乗り、毎日世話をするということをカミさんとやっているし、娘も時々裸馬に乗って遊んでいる。

遠野で生まれ育った人たちと同じように、馬も身体から行きます。生命として「やばい」と感じたら、逃げるか襲う。「いいな」と思ったら近づくし、「これは」と思ったら食ってみる。失敗してもかまわないから、みずからの感性と身体で、即断でどんどん動いていくという行為が、ナチュラルに鍛えられている。

この土地の人たちもそれを持っていて、そういう意味で、ここには生きていることの希望があると思うんです。ルールや決め事が感性や身体より優先されていて、みんなが「それを守らなくちゃ」と思っている場所より。

それは「都市と農村」とか、「都会と地方」という対立区分でもなくて。

——人間の自由度みたいな。

徳吉　そう、人間の自由度の量の問題ですね。その量はどこかで質に変わって。

もちろん、その気になれば都会でも実現できるのかもしれない。「ここだから自由なんだ」とも言わないけど、その度合いを増やしてゆくには、関与できる空間や環境は多いほうがいい。

地方を再生するとかそういう大きな話はなにも言えないけど、自分の感性と身体で動いていく〝生命としてのナチュラルさ〟はとても普遍的なものだと思っているので、そのことにかかわ

ってゆく選択はこの後もつづけたいと思う。

あと最初から意図があったわけじゃないけど、ここまで馬とかかわったのなら、そのパイプをもっと太くしていくことに時間とエネルギーを割《さ》くのは自分の役目かな? という気はしているんです。

今回地震があって、身の回りのものを突然喪失するということを、僕らは目の当たりにしたわけですよね。

——ええ。

徳吉　たまたま当事者でなかった人も、明日そうなるかもしれない。それまでの時間をどんな質で過ごせばいいのか? ということを教えてくれるのが、僕の場合「馬」なんです。

彼らから教わることは、僕が東京や、あるいは学校で気の利いたことを誰かに聞かせてもらったのとは微妙に違うリアリティを持っている。なにか違うタイプの生命と接触して、違う時間のあり方を直接的に経験しているというか。

なにかうまくいった時、馬と自分の間に応答があるんですよ。いのちはその応答のためにあるんじゃないかな、とさえ思う。働きかけて、応える。応えたらまたこっちも動く、みたいな。


——徳吉さんにとって東京は、その応答感覚が希薄な世界なのかな。


徳吉　そうだと思う。東京で見ず知らずの人にそれやってたら、変な人になってしまうし。

こっちの人って「おめ、どごさいぐとこだ?」って、すぐ声かけして来るんですよ。「は?」と言うと「だから、おめ、どごさいぐのよ?」って笑いながら。顔見知りになってまだ間がなくても、そんなふうに入ってくるんです。「ちょっと町さ」っていうと、「なにしによ?」って(笑)。

それは挨拶というか、応答なんです。

情報と同時に「お互いに元気そうだったよな」ということ。

〝生きている〟ことのエール交換をしているんだと思う。で、なんか知らないけど、その後テンションが上がっている。しばらくお互いに気持ちがいいんですよ。

応答と反応は違うんです。たとえば馬も力ずくでかかわれば反応はする。でもそれは心を殺して従順になるか、恐れを感じて逃げるかなんです。応答じゃあない。

応答のポイントを見つけるのはとても難しくて、たとえば乗馬クラブのレッスンでは僕はそれを知ることができなかった。馬の「乗り方」は教えてくれます。扱い方と、馬に対する指示の与え方も丁寧に教えてくれる。でもそれで馬から返ってくるのは、いつも同じような反応なんですよ。

応答はそれと違って予測がつかないわけです。

子どもとの関係でもそうだけど、お互い大胆になってくれれば、かかわり合いはダンスのようになり、自由な表現になる。傍《はた》から見ていると、一見制御が効いていなさそうで危なっかしい。

でも両者の間には、未来を一緒につくっているような安心感が確固とあるんですよね。

おそらくほとんどの人が、馬と人の間にそんな応答のポテンシャルがあることを知らないんじゃないかな。隠されている部分もあるんじゃないか。コントロールできなくなると力が強くて危ないから、指示以外の動きが出てこないよう、あらかじめ馬の心にフタをしているというか。そうすれば安全ではあるかもしれない。けど、その馬の心はなにかしら抑圧されている。もしくは殺されているんです。

予測のつかない応答の中で、互いに融和的で好意的な関係をどう楽しむか？　ということをやっていると時間はあっという間に過ぎる。後から思い返してみると、その時間は質が違っているわけです。どれだけ「それ」で埋められるか。

――生きている時間を。

徳吉　そう。それは、たとえば「遠野」のような場所が一方的に埋めてくれるわけじゃない。こちらからまずは働きかけて、応答があって、また働きかけてゆくことで埋まってゆくんだよね。

わたしたちの場所

京急の片方の終点、三浦半島の三崎口駅で降りてキャベツ畑の中の一本道を延々と西へ歩いてゆくと、海へ降りる断崖の上に着く。大学生の頃、年に何度か友人らと遊びに来た。お気に入りの場所があったので。

しょっちゅう行っていないので、久しぶりに行くと降り口がわからなかったりする。それをなんとか見つけ出し、背丈より高い茂みをかき分けて踏みわけ道を進んでゆくと、あるところでパッと視界がひらけて、上半分が空、下半分が海という素敵な眺めの芝地に出る。

崖上にあるこの芝地は広くない。数人で腰を下ろしたらもう満席という感じ。数メートル下の岩場からここに気づく人はあまりいないようで、登ってくる人もいない。

僕と友人たちは、ここでのんびり過ごす時間が大好きだった。先客に出くわしたことはなかったけど、ここに来ている人は他にもあきらかにいるようで、誰かが過ごした気配が残っている。けど基本的に清潔に保たれていた。

このような場所。人々が静かに分かち合い、大事にしている場所に出会うと、たまらない気持ちになる。あの場所は誰も所有していなかった。

数年後、社会人になって再訪してみたら、小径《こみち》の入口に新しい家が建っている。庭先を横切って入ってゆくのがはばかられて、すごすごと帰った。

また数年後。東京の千駄ヶ谷で一人暮らしをしていた頃、鉢で育てていた樹が少し大きくなってしまい、始末に困って、代々木公園に植えに行ったことがある（やってはいけないことですが）。

いざ植える場所を探して公園を歩き回ってみたものの、意外に隙がない。結局不成功に終わった記憶があるのだけど、あの時の代々木公園の土面の、公園管理事務所の目配りが行き届いている感じは今もよく覚えている。こっそり植えても、たちどころにバレてしまいそうだった。今も昔も大好きな公園だが、この時はそこが良くも悪くも十全に管理されていて、手出しのできない空間になっていることを認識した。

代々木公園
1964年の東京オリンピックで選手村として使われた後、都市公園に。明治神宮と連続する緑地で、東京都内では5番目の広さを有する。

さらに数年後の30代前半。またサンフランシスコの話になるが、街なかに部屋を借りて一夏を過ごしてみたことがある。毎日散歩しながら街歩きを楽しんで、暮らして。ある時、住宅街の街路樹の樹種がまったく揃っていないことに気がついた。ただし散漫かというとそんなことはなく、樹は不揃いなまま、街並みには調和がある。

よく見てゆくと、植えられた樹はそれぞれ後ろの家と関係し

2635

ているようだった。家が醸《かも》し出している雰囲気や、玄関回りの植栽と連続感がある。どうやら街路樹用の1m角の土面の扱いは各家に任されているようで、一度気づくとそのバリエーションが楽しい。

調べてみると土地の所有形態が違った。日本の場合、こうした歩道部分は公共空間として行政が維持・管理している。ところがサンフランシスコの場合（アメリカの他の街もそうなのかもしれないが）行政の管理区域は車道まで。歩道部分はすでに各家々の敷地で、住人はその前面4mを公共空間として社会に提供し合う形になっていることを知った。

結果として住宅街を歩いてゆくと、いろんな家の庭先を次々に通り抜けてゆくような経験をすることになる（街区によって住民の意識差はある）。

住宅地の散策はどの国に行っても面白いが、このサンフランシスコの「庭先ウォークスルー」には、楽しさを超えて考えさせられるものがあった。

ここには土地所有の仕組みを通じた、街に対する「かかわり方のデザイン」がある。

徳吉さんとのインタビューの中に出てきた、所有や、許可と外注、自由度の話に触発されていろいろ思い出しているのだけど、「公・共・私」の話を、あらためて書いてみたい。

欧米では公（Public）・共（Common）・私（Private）の三つは別々の概念として捉えられている。Public は社会のことであり、Private は個人の私的なこと、その間にある Common（Commons）は共有の緑地や場を指しており、名前もこのとおり分かれている。

ところが日本では「公共」という言葉で、このうちの二つが一緒くたになっている。

「公共」という言葉が使われるようになったのは、いつ頃だろう？　あてずっぽうだが、おそらく明治以降なんじゃないか。日本のＯＳ（operating system）の入れ直しが行われた明治維新では、たとえば神道を国家統合の基幹に据えるべく廃仏毀釈《はいぶつきしゃく》

Common（Commons）
近代以前のイギリスで、牧草の管理が自治的に行われた誰の所有にも属さない放牧地や、都市における公共緑地（広場や公園など）を指す。

廃仏毀釈
明治維新後の新政府が神仏分離令等の政策を通じて進めた仏教排撃運動。仏教寺院・仏像・経巻などが破毀され、僧尼など出家者や寺院の特権が廃された。

が進められたように、国家を統一するためのさまざまな整理が行われた。

その際、以前の日本では各地の共同体というか住民が自治的にかかわり合っていた空間を、「公共サービス」の名のもとに行政の管理下に移していった動きがあると思う。

近代批判でなく、「公共」という日本語の曖昧《あいまい》さを描写できないかと思い書き進めている。下町の路地裏《ろじうら》を大学で研究していた友人が聞かせてくれた話なのだけど、日本の都市における共（Common）的な空間の一例である路地裏において、その場を共有していた人々が自分たち自身で掃除をしなくなっていった大きな契機の一つには、道路のアスファルト化があったという。

共的な空間の公共化。方向性は違うものの先のサンフランシスコの例と同じで、街に対する人々の「かかわり方」が扱われている。

「公共」という言葉の再検討。そして、街や空間に対するかかわり方のリデザインが、このあと各地で必要になってゆくんじゃないか。

瞬間風速の高いまちづくりワークショップのような場ではなく、風速は微《かす》かでも、より確実なものとして互いに感じ合える契機が。応答感覚のある場と時間が。


徳吉さんとのインタビューを終えて、馬に挨拶をする。ここにいるのはハフリンガー種。彼の家の馬は、また違う種だという。

クイーンズメドウ・カントリーハウスは最初の施設が建ってもう10年以上経つが、本格的に息が吹き込まれてゆくのはまだこれからのようだ。ゆっくりとした起動ぶりにむしろホッとするものを感じた。遠野を離れ、傾いてきた日射しが眩しい道を西へ向かう。北上で車を返し、電車を乗り継いで秋田へ。

数日前に宮城県の河北から入り、岩手県の南部を経て北上する約1週間の東北行の最後に、知り合ってまだ間もない、二人の若い女性の話をききにゆこうとしている。

2011年5月20日

矢吹史子さん

「この場所とやれることを、まずは最大限やることが大事」

初めて秋田を訪れたのは今年の1月下旬。市民活動センターが2日間のプログラムを企画して招いてくれた。二つ返事で応じたのは、以前から友人が一度会ってほしいと名前を伝えてくれていたある人物から、その招きがあったからだ。

秋田市で「ココラボラトリー」というギャラリーを運営している笹尾《ささお》千草《ちぐさ》さん。直《じか》にお会いして、友人が薦《すす》めてくれた理由がよくわかった。頭が良くて、温かい。

その時の訪問では、彼女のまわりの秋田の若い仲間たちの関係性がとても心地よかったので、またいつか会いに来たいと思っていた。

その一人に矢吹史子《やぶきふみこ》さんという女性がいる。古い一軒家を借り、グラフィックデザイナーとして働きながら、同年代の金工作家の女性と仕事場を、さらに住居部分を笹尾さんとシェアしていた。

食事会に招かれて土間《どま》のテーブルを大勢で囲み、矢吹さんのきりたんぽ鍋を頬張りながら、彼女が今とても充実していることを端で感じた。

彼女いわく、地元の大学でデザインを学んだ同級生は、ほぼ全員東京に出ていったという。しかし彼女は秋田にとどまり、9年間このまちで仕事と暮らしを重ねてきた。

その心持ちを聞かせてほしいと思い、秋田駅から1㎞ほどの楢山《ならやま》地区にある、矢吹さんの住まい兼仕事場を訪ねた。

「同じような気持ちで過ごせる人が増えてきた」

矢吹　私は他の県に住んだことがなくて、ずっと秋田なんです。

矢吹史子
1979年秋田生まれ。デザイナー。noon design box 代表。秋田公立美術工芸短期大学産業デザイン学科卒業後、秋田市でフリーランスとしてグラフィックデザイン業務を始める。県内外の企業や店舗のポスター、チラシ、リーフレット等、紙媒体のデザインを中心に活動。2010年に「ならやま日曜はしご市」を起案、主宰。

そのことにはものすごい劣等感があったと思う。みんな就職先は東京で、私自身も憧れが強くて。「でも私は秋田でやっていこう」と決めて、ここで自分の価値や存在の意味を見つけていきたいなと。そう思いつつも、葛藤《かっとう》はあって。

――今も？

矢吹　もうほとんどないです。むしろ「秋田で良かった」と思う。仕事を始めて9年になるけど、5年くらい前からだんだん変わってきました。友人や仲間に刺激的な人が徐々に増えて。彼らと出会いながら、自分の目指すところが見えてきたんだと思います。それが自信というか、誇りのようなものになってきた。そういう人たちと仕事をしたり生活していることで、自分の存在を肯定されているようで。劣等感が薄れてきて。

秋田に戻って仕事を始めた笹尾さんや、たまたま近所で珈琲豆の焙煎所《ばいせんじょ》を始めた石田夫妻と出会った頃から、少しずつ。

石田珈琲店
秋田市の大町にある一軒家で、珈琲豆の焙煎と販売から営業を開始。ココラボと同じビルの2階に喫茶室もかまえる。文庫版編集時（2019年秋）は、札幌で営業をつづけている。

石田さんたちから受けた影響はとても大きいんです。二人とも芯がすごく太い。彼らはどんな土地でも、その場所でその時できる最高のことをしたいと考えている。目指すものがとてもハッキリしていて、「もっとも美味しい珈琲を提供する」という一点にむけてガシッと固まっているんです。

自分にとって彼らはバロメーターになっていて、あの人たちに認められるような生き方をしたいと思えた。印刷物の仕事をいただくようになって、最初はもうびくびくしながら緊張してやってたんです。私も芯をしっかり持っていないと応えられないなと思っていて。もしそんな人たちがいなかったら、自分はちょっとどうなっていたかわからない。

同じ頃から東京に行っていた大学の同期の子も帰ってきて、「秋田でやっていこうかな」という人も、少しずつですけど周りに集まってきて。仕事もプライベートも同じような気持ちで過ごせる人が増えてきた。劣等感が消えていったのはその頃から、ですかね。

――この場所を借りたのもその頃ですか？

矢吹　はい。埼玉で修業してきた金工作家の女の子が、工房として使える場所を探していて。私もそれまで仕事場としてシェアしていたアパートが契約切れになる頃で。「土間付きの一軒家で、改装できるようなところはないかな？」と探していたらポンッとここが現れた。本当に偶然というか。

笹尾さんもちょうど部屋を探していたし、「みんなで借りれば安くなるし、いいんじゃない？」となって。

――この空間は人も集まりやすいし、いいですね。

矢吹　そうですね。金工の子が結婚して引っ越してしまうので、これからの使い方はあらためて考えています。できるだけ、今お付き合いのあるお客さまとの関係を深める場所にしたいなと思ってる。

「本当に〝ちょうどいい〟」

矢吹　今、毎月最終日曜日に、「ならやま日曜はしご市」という催しをしているんです。ここは楢山という地区なんですけど、このあたりに私のクライアントさんも含めて、小さな商店や飲食店がたくさんある。そのいろんなお店をはしごしてもらおうという企画を去年からやっている。

楢山はけっこう古い地区で、以前の城下町にあたるところなんです。昔の建物がそのまま残っていたり、この前の道も商店街だったんですけど店舗だった物件がその形のまま残っていることが多くて、そこを改装して店にするとか、似たような考えの人が集まっていて。

まわりが面白くなってきたと感じたから、じゃあその点・点・点をつなげばもっと面白いんじゃないか、と思って始めたのが「ならやま日曜はしご市」です。

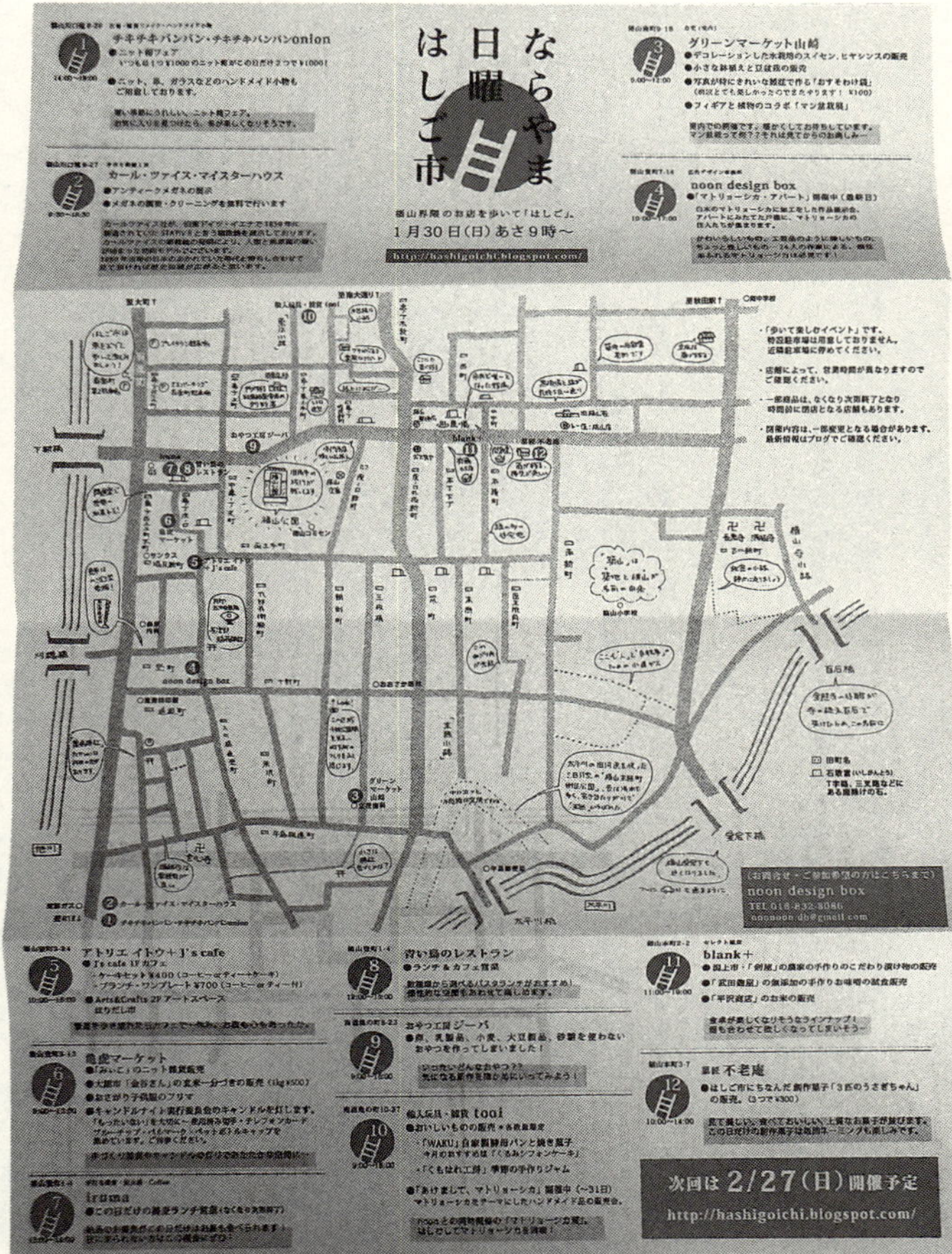

ならやま日曜はしご市
楢山界隈のお店を歩いて「はしご」。
1月30日(日)あさ9時〜
http://hashigoichi.blogspot.com/
チキチキバンバン・チキチキバンバンonion
●ニット帽フェア
●ニット、革、ガラスなどのハンドメイド小物もご用意しております。
カール・ツァイス・マイスターハウス
●アンティークメガネの展示
●メガネの調整・クリーニングを無料で行います
グリーンマーケット山崎
●デコレーションした水栽培のスイセン、ヒヤシンスの販売
●フィギアと植物のコラボ「マン盆栽展」
noon design box
●「マトリョーシカ・アパート」開催中（最終日）
・「歩いて楽しむイベント」です。特設駐車場は用意しておりません。近隣駐車場に停めてください。
blank+
noon design box
アトリエ イトウ+J's cafe
●J's cafe 1F カフェ
・ケーキセット¥400（コーヒーorティー+ケーキ）
・ブランチ・ワンプレート¥700（コーヒーorティー付）
●Arts&Crafts 2F アートスペース
亀虎マーケット
●「みぃこ」のニット雑貨販売
irama
青い鳥のレストラン
●ランチ&カフェ営業
おやつ工房ジーバ
●卵、乳製品、小麦、大豆製品、砂糖を使わないおやつを作ってしまいました！
輸入玩具・雑貨 tooi
●おいしいものの販売
・「WAKU」自家製酵母パンと焼き菓子
今月のおすすめは「くるみシフォンケーキ」
・「くもはれ工房」季節の手作りジャム
●「あけまして、マトリョーシカ」開催中（〜31日）
マトリョーシカをテーマにしたハンドメイド品の販売会。
blank+
●「平沢商店」のお米の販売
食卓が楽しくなりそうなラインナップ！
不老庵
●はしご市にちなんだ創作菓子「3匹のうさぎちゃん」の販売。（3つで¥300）
（お問合せ・ご参加希望の方はこちらまで）
noon design box
TEL 018-832-8086
次回は2/27(日)開催予定
http://hashigoichi.blogspot.com/

やりたかったのは新しいことではなくて、今あるものを見つめ直す機会というか。「今日だけ半額です」とかではないんです。特別な日としてではなく、「日常の延長線上であけてください」と話している。
お客さんたちにもお店に行ってもらうだけでいい。「入ったことなかったけど、この店こうなんだ」っていうきっかけが、まずなによりも欲しいんです。車で通りすぎる人が多い地区だから、まずは店があるって知ってもらおう。で、一回入ると面白い店ばかりなので、みんな好きになって、自分の店みたいになるんですね。
常連さんが多いです。県外や市外からも来てほしいとか思っていなくて。地元の人にとってあたり前の「市」になってほしい。

——チラシをつくったりなんだったりといった作業は、矢吹さんがボランタリーにやっているんですか？

1：東北行（河北、南三陸、登米、釜石、遠野、秋田）

矢吹　いえ、参加費を少しだけ頂戴しています。だいたい20〜30店舗から。それでチラシをつくって、制作費もその中からいただいています。

チラシの裏面には、役場に勤めながらまち歩きや郷土研究をしている人が、このあたりの歴史的なコラムも書いてくれていて、そういうことを知るだけでもここにいる自信、というか誇りが生まれるというか。

以前、笹尾さんが何かの講演で「地域活性化と言うけど、それは地元の人たちが自分のまちにいかに誇りを持つかということなんじゃないか」と話しているのを聞いて「あ、そうだな」と思った。

私はそれを目指したくって。楢山に住んでいて良かったとか、こんな面白い店があるんだよとか、なにかこう「いる」ことへの誇りを持ってほしいし、自分も見つけたいなと思っている。

それでやっていくうちに、やっぱりどんどん見えてきて。そこが深まってゆく。それにあわせてクライアントさんとの関係も深まっていくというのも、面白いなと思っています。みんな「自分もなにかしてかかわりたい」という感じで楽しんでいる。

——まちづくりやコミュニティ・デザインに興味があって始めたわけじゃなさそうなところが、またいいですね。

矢吹　そうですね（笑）。そういうことはしたくなくて。最初は3、4店舗でやるつもりだったのがこんなに大きなことになって、ちょっとびっくりしています。「じゃあ何千人呼ぶために頑張りましょう」なんて誰も言わないんですよ。「ただ続けることが大事だよね」とか「天気どうなるかわかんないけど、雨の日はどれぐらいになっちゃうのか見てみよう」とか、そんな感覚でかかわってくれてるのでちょうどいい。それを感じて、お客さんたちも無理なく来られているというか。

——東京、行かなくて良かったですね（笑）。

1：東北行（河北、南三陸、登米、釜石、遠野、秋田）

矢吹　ん？　あ、良かったですほんとに（笑）。今はそう思っている。本当に「ちょうどいい」と感じています。「なにができるかな？」って、自分たちで一緒に手探りでつくってゆく感じが、すごくいま面白い。

「秋田を肯定したいし、肯定されたい」

――「誇り」ってなにかな？

矢吹　私の中では〝尊重し合える感覚〟というか。クライアントに対しても、相手からも、まちに対しても魅力をちゃんと感じていて、そこで私が気持ち良く過ごせている。そういう関係性。

あとは〝肯定できる〟ことですよね。私は秋田であるとか、楢山の魅力を、だんだん感じていったと思う。初めて見た時、なにか「いいかもしれない」という感覚はあって住み始めたけど、だんだん発見していったんです。

自分の存在が肯定されることを、私は求めているのかもしれないなと思う。ここはそれをしてもらえている場所なのかもしれませんね。

で、ここから離れることがあっても全然いいと思っている。でもまずはここを活かすことが大事で。私がこの場所とやれることを、まずは最大限やるっていうことが大事。私は離れることもできます。でもここから引っ越すことはできないとか、ここで生まれ育った人もいて、そういう人たちに、この場所にいることを肯定してもらいたい。それで「はしご市」をやっているんだと思う。

——矢吹さんにとってそういう場所は、楢山というより秋田？

矢吹　そうです。秋田を肯定したいし、肯定されたい。秋田からはおそらく出ないと思います。

1：東北行（河北、南三陸、登米、釜石、遠野、秋田）

東京に行かなかった選択をなんとか肯定したい。「やっぱり秋田で良かった」ということをもっと感じたい。ほんと、近所が楽しいというのはすごいことだなというか。これだけ濃いメンバーが1km以内に集まっているというのは。東京じゃなくて良かった。

みんなで一緒につくりあげている感じがまた自信になっている。誰にも、どこにも負けないなと思いますね。

好きな細部

矢吹さんとのインタビューを終えて、歩いて2分ほどのところにある小さなカフェに入ってみた。以前は洋装店だったかな？ と思わせる、全面ガラス張りのこぢんまりとした店構え。お昼時だけどお客さんはいない。

窓辺にドラムセットがあり、マスターと思われる人が店でかかっている曲にあわせて軽く叩いている。

店に入ると慌《あわ》てて叩くのを止めて（表から丸見えなのだけど）、サッと立ち上がった。「ちょっと眠たくて（笑）」と恥ずかしそうに呟く。ドラムの言い訳らしい。

美味しいカレーをいただいていたら、後から矢吹さんと笹尾さんもお昼を食べにやって来た。

店のマスターについて矢吹さんが、以前彼は埼玉にいて、実家に戻ってきてこのカフェを始めたこと。バンドもやっていて、夜になるとジャズが好きな人たちが集まってくる。演奏会も頻繁に開いているんですよなど教えてくれる。電車で30分で世界のトップクラスのミュージシャンが来るライブハウスに行けるのも良いけど、歩いて2分でこんな店に来られるのはさらにいいな。

午前中の矢吹さんの話は、東京・杉並区の永福町で暮らしながら「自分が生まれ育った町にほとんどかかわりを持っていない」という、かねてからの僕自身のひけ目を、大変な光量で照らし出した。

永福町
渋谷〜吉祥寺間を結ぶ京王電鉄・井の頭線の、ちょうど真ん中あたりにある町。善福寺川と神田川に挟まれた、平地の住宅街。

鹿児島から出てきた次男坊の父親と東京生まれの母が、共稼ぎで頑張って手に入れた土地。代々の地縁はなく親戚もいない。僕自身は小中高と電車で1時間ほどの遠い私立校に通ったため、近所の幼馴染《おさななじ》みもほとんどいない。小さな頃は日曜日が暇でしょうがなかった。

地域活動らしい体験といえば、10年ほど前、近くにマンションが建った際の反対運動ぐらいで、あの時は年齢も背景もバラバラでコミュニケーションの作法もまるで異なる人々とのかかわりにむしろ草臥《くたび》れてしまった。

自分たちが暮らしているまちをより良くしてゆくための活動は、なにもできていない。

「なにもできていない」と文字に書いてみると、それを目にした別の自分が、「そんなことはないんじゃない?」と話しかけてくる。

たとえば「どんな家を建てるか?」もまちに対するかかわりだよね。窓辺に置いた小さな灯りが、夜に帰宅する人たちの心になにかを与えることもある。いわゆるまちづくりや町内活動だけが、まちへのかかわりではないんじゃない？

まあ、確かに。

妻のたりほは植物が好きで、毎日土いじりをするほどの趣味人ではないけれど、おもての通りに面した玄関横の小さな土面に、ある時期は竹を組んで朝顔を育て、冬には球根を植えている。

生け垣に植わっている木々の名前を小さなプレートに書いて枝に吊《つ》るしていて、前々からそれを読んでいたという通りがかりの人とたまに路上で立ち話を交わしている。徳吉さんの話にあった遠野の人たちとの挨拶じゃないけど、そんな交わし合いのあと彼女は少し元気を増している感じがするし、たぶん相手もそうだろう。

話まで交わさないにしても、「どんなふうに暮らしているか」というレベルでできることはたくさんあるな。それぞれの家の中での暮らしぶりは、意外に外に伝わっている。

随分前に仕事で横浜市の清掃局に行った際、実際に清掃車でゴミ回収をしている人が「住んでいる人々の暮らしや人柄は、手に取るようにわかります」と聞かせてくれて、以来集積所はつい目がゆく場所だ。ゴミの出し方を通じて、その街区の人々の生活意識が見えてくる。自分がどんなふうにゴミを出しているかということさえ互いに小さな影響力を持つことを考えると、本当にいろいろなレベルのかかわり方がある。


僕は、休日によその家の人が、玄関先で自転車やバイクをメンテナンスしている姿を見るのが好きだ。

さらに言えば、昼寝をしていると聞こえてくる布団を叩く音も大好きで、わたしたちはそこに住んで暮らして「いる」だけで、既に互いに作用しているんだなといま思った。

自分が好きな場所・コト・人を、身近な場所にどれぐらい持っているか？　どれくらいそれに気づいているか？　が、なによりも大切な気がしてきた。それならたくさんある。自分のまちについて。

あの家の塀、あの曲がり角の金木犀《きんもくせい》、ツバメを待っているあそこの軒先《のきさき》、あの店でピザを焼いている彼とのあいさつ、風向きによって聞こえてくるレールの音。わけもなく好きな細部がいたるところにあります。

そんなことを思い浮かべたり、好きな気持ちに浸り直していたら、さっきまで胸の中にあった「自分のまちにほとんどかかわりを持っていない」という劣等感は、いつの間にかなくなっている。

2011年5月20日

笹尾千草さん「小さな単位を、もっと」

秋田市内の川堀に面して建っている元印刷工場のビルの1階に、ココラボラトリーというアートスペースがある。

「〝ココ〟には『個人個人』と『この場所』『地域』。あと英語の頭文字の『Co（共働で、共に）』。この三つの意味を含ませています。あとは実験室のラボラトリー。〝みんながそれぞれに持てるものを出しあって、ここで暮らすことを充実させていく実験の場〟みたいな意味を込めて名前をつけました」と、笹《ささ》尾《お》千《ち》草《ぐさ》さんは聞かせてくれた。

彼女は秋田から京都の美術大学へ。卒業後もしばらく京都で働いて、いったん辞めて数年ぶりに地元に戻っていた時、たまたま参加した起業セミナーでまとめた企画書に県の助成金が付

ココラボラトリー
印刷工場跡のビルを改装した秋田市街のアートスペース。2005年からスタート。美術、工芸、音楽、演劇、デザイン、建築、農業など、ほぼ週替わりで展示企画を入れ替えている。
www.cocolab.net

き、周囲の人々の応援を受けながら、後藤さんという仕事の相棒とココラボをスタートした。

「発表する場であるとか、集まってディスカッションできる場所。〝自分たちの場所〟と思えるところがないことに、みんなすごくフラストレーションを持っていた。

情報が集まっている場所がないので、なにが起こっているのかも、どんな人がいるのかもわからない。以前はそれぞれ点々としていて、つながってなかったんです」


若い女性が手がける小さな本屋さんや、オーダーメイドのウエディングドレス工房、矢吹さんの話にも登場した石田珈琲店の喫茶室も追って同じビルに合流し、ココラボのまわりはとても温まっているように見える。貸ギャラリーの予約も埋まっていて運営状況はおそらく良好。まちづくりに興味のある人や、自分の地域になんらかの交流拠点をつくってみたい人たちには、眩《まぶ》しい星の一つとして見えているんじゃないか。

でもその一方、笹尾さん自身にとってココラボの活動は一つ

笹尾千草
1977年秋田県生まれ。ココラボラトリー代表、project room sasao 主宰。京都造形芸術大学芸術学部卒業。卒業後、創業元禄元年の竹材店で伝統工芸に従事。2003年に退職し秋田へ帰郷。2005年、仲間とともに「ココラボラトリー」を開業。秋田で表現活動を行う人々のキュレーター的存在として、さまざまなプロジェクトを手がける。

の節目を迎えつつあることを前回冬に訪れた時に少しうかがっていた。今回はそのことを、震災を経てより進んだ状態で聞かせてもらうことになるのかもしれない。

彼女はディスプレイの仕事の納品が今朝ちょうど終わったようで、見るからにヘトヘトになっている。この何日かあまり睡眠時間も取れずにいたようだ。が、午前中矢吹さんのお話をうかがった土間のテーブルに、お茶を持って腰を下ろしてくれた。

「尊敬できる身近な人がどれだけいるか？」

——さっき矢吹さんから、ある講演会で笹尾さんが「地元の人たちが自分のまちにいかに誇りを持つか」と話していたとうかがったのだけど、僕にも聞かせてもらえますか？

笹尾　私は自分のまちを誇らしく思っていなかったし、嫌で出ていったんです。秋田を。読みたい本も売ってないし、見たい映画もないし、展覧会もないしって。

それで京都の美術大学に行ったのだけど、最初のオリエンテーションの時、クラスの20名の中に、私の他にもう1名、東北出身の女の子がいた。みんな一人ずつ「なぜこの学校に来たか」という話をしていった時、彼女が「山形が大好きだ」って言ったんです。「具体的にこういうところが好きなんだ」って。「だから離れるのがすごい辛かった」と言って、びっくりした。そんな人がいるんだ！って（笑）。

私はそんなこと考えたこともなかった。だけど、ハッとさせられるものはあったんですよね。

あともう一人きっかけをくれた人がいた。関東から来た別の子が、京都に来た理由を「場所に力があるから」と言ったんです。「歴史や風土が積み重なって力になっている」って。

彼女たちの言葉をきっかけにして、私は「場所の力」というものにすごく興味を持つようになって、いろいろ勉強していったんです。そうしたら「今の社会はすごく均質化している」と

1：東北行（河北、南三陸、登米、釜石、遠野、秋田）

いう話に出会った。たとえば、東北でも九州でも、同じ材料を使って家が建っていたり。国道沿いにどこも同じような店が並んでいたり。場所が均質化していると。

そう言われて「あ、自分はそういうことで秋田に空虚さを感じてたんだな」って思ったんです。そこだったんだって。で、そういうのをなんとかしなきゃって、その時に思った。

——なにもなくてつまらないんじゃなくて、同じようになろうとしていたところがつまらなかったってことか。

笹尾　うん。もう一つは、京都の人たちがめちゃめちゃ京都が大好きで。もちすぎるくらい誇りをもっていて（笑）。でもそれってすごく重要なことだと思ったんです。

関西に行って気づいたんですけど、秋田の人たちは「いいですねー、秋田」と言われたら「いやそんなことないです。いいところ一つもないですよ」って言う。お料理を出す時もうちのお母さんは「ちょっとうまくいかなかったかもしれませんが……」と言う。けど関西の人は、「ええやろー」とか「美味しくできたから」みたいな感じで。「おお、ぜんぜん違う」と。自信をもっていること、誇りをもっていることはすごく大事だし、さらにそれを素直に表現できるって素晴らしいなって京都で感じていたんですね。

——なるほど。

笹尾　で、大学を出てしばらく向こうで働いて、一区切りをつけて一度秋田に戻ってきたんです。そうしたらもう会う人から、ちょっとした風景から、とにかく全てが楽しくて。「あらら」と思って。

年配の人たちにも出会っていった。近所に画家の人がやっている「道化の館」っていうイタリアン・レストランがあるんですけど、お店をご自分でつくられていてそれが素晴らしいんですよ。その人たちが「北方文化研究所」という活動をしていることも知った。山のほうに「あっけら館」という古民家があって（笑）、そこで会合を重ねていたりして。

またある日、家の近くをブラブラしていたんですね。そうしたら近所のおじさんに話しかけられて、「あなたのとこのお爺さんがやってた百杯会というのは面白かったなあ」と急に言われた。

お爺ちゃんは医者なんです。でもそれは酒飲みの会らしくて、「俺は墓石屋だけど、百杯会に行くと偉い先生とかいろんな人が来てて、俺みたいな学のないのにもいろんなことを教えてくれて、ほんとに面白かった」って言う。

家に戻って聞いたら「ああ、そういうのやってたね」って、小屋から桐箱を出してきて。その中に焼き方の違う、すごくちっちゃなお猪口《ちょこ》がいっぱい入っていた。全種類のお猪口で百杯飲む。だから百杯会。

昔は遊びがあんまりなかったから、もう二晩とかやってたって。べろべろに酔っ払うんじゃなくていろいろ議論をしながら。

ふーっと酔っ払ってきたら休憩して、醒《さ》めてきたらまた飲んで……って延々飲んでる会なんです。

「あ、これだ！」と。「百杯会を復活させよう！」と思って、それから始めたんです。ココラボができる前から。不定期なので、年に3回やる時もあれば1回しかやらない時もある。そのとき面白いなと思える話題で、地元の人をゲストで招いて、酒飲みながら聞く会なんですけど。

――お爺ちゃんが、それを始めた人なんだ。

笹尾　彼は「訛《なま》りを絶やさない」っていう運動もしていたんです。正しい方言を失わないようにって。百杯会に来ていた人たちからそういう話を聞いて、朧気《おぼろげ》ながら、そう言えばそんな話を爺ちゃんしていたな……と思い出して。言葉と文化のこと。年配の人たちから昔いろいろ受け取っていたんですね。「なにもない」と思って帰ってきたのに、全然なにもなくなくて。

「これからは地方の時代が来るんじゃないかな」「今まではみんな都会に憧れて、たくさんの人が出ていったけど、そうじゃない時代が来るんじゃないかな」なんて思いながら秋田に帰ってきたけど、お爺ちゃんや上の世代の人もみんな同じようなことを若い時に思っていて、均質化してゆくのをなんとか止めようとしていた。

秋田に戻ってきてそんなことに出会い直して。やっぱり地域に誇りを持って暮らすことが、豊かさなんだなって。

経済的な意味合いとは違う豊かさは、どれだけその場所に誇りをもてているかということと、身近な人をどれだけ尊敬できているかということ。

尊敬できる身近な人がどれだけいるか? というのは大事なことじゃないかな。百杯会はそれを実践してゆく会なんですね。遠くからゲストを呼ぶわけじゃない。ほんとに身近な人を呼んで、その人の話の中から尊敬できる部分を見つけてゆくというか。

「もっと充実させることができたんじゃないか」

笹尾　私にも昔は「どうせ秋田なんか」っていう劣等感があったけど、今はまったくない。

以前はここにどんな人がいるのかもわからなかったし、どんな動きやシーンがあるのかも見えなかったけど、この5、6年の間にいろんなコミュニティができてきた。「ならやま日曜はしご市」もその一つだけど、毎週のようにいろんなところでなにか起こっている状況ができてきていて。

だからココラボの役目は変わる。最初に抱いていた問題意識の一つは解決できたかな。だからココラボは「どうしようかな？」っていう感じです。

――どういうことですか？

笹尾　3月の地震の直後に、携帯の小さな画面を通じて、これはすごく大変なことが起きたなって思ったんです。

電話も通じないからネットで情報を集めて。でもだんだん日が経つにつれて「あ、これはたぶんもう十日以上経つと、すごく影響力のある人の言葉に、みんな引っ張られていくんじゃないか」と思った。

だから私はそうなる前、その十日の間にみんながどんな言葉を発するかにすごく興味があって、展覧会の予定は全部キャンセルだったし停電だったけどココラボにいるようにして、誰が訪ねてきてなにを言うかコタツに入りながらメモしていたの。


その中でいちばん印象的だったのは、時々来る女性なんですけど、絵を描く人で、震えながらやって来て。「地震で大変なことになってしまった」ってすごく動揺していた。まあお茶を煎《い》れて。

その人は若い頃からフェミニストとして活動してきたみたいで、「こういう時だからこそ女性の感覚は大事だと思うんです。哲学のある料理や、料理の写真とか、そういうのを展示するのがこれからはすごく必要だと思うの」って、支離滅裂《しりめつれつ》なんだけどいろんなことを喋《しゃべ》るの。女性の権利の話とかをバーッと喋って、そういう会を開きたいと。

「仰ることはよくわかるけど、私たちの世代は女性の権利が侵害されているとか不平等さを感じることとか、もうほとんどない。性差もあまり感じていない。男の人でも女性的に生きている人もいれば、女の人でも男性的に生きている人もいる。男だから女だからじゃなくて、精神的な性のほうなら私は興味があるけどな」と話したの。

そしたら彼女が、「確かに女性の権利は認められるようになってきたけど、女の人の身体や生理的なことに沿った社会があるわけじゃない。男性社会の中に、女性が女性の身体を持ったまま入っていって権利を認められているだけのことで、女性の身体には全然合ってない」っていう話をすごくしていた。

私はハッとして。「そうか、私はそれだったんだ。男のようにマッチョに動いていたんだな」「で、動き方もすごく政治的だったんだな」と思ったんです。

地震の前、すごくいろんな人に「議員に立候補したほうがいいよ」って言われるようになっていて。私はそういう世界とは絶対に相容《あいい》れないので、「なんだろ? なんだろ?」って思っていた。

私が働いてゆく原動力は、ここで生きてゆく上で都度《つど》感じる違和感です。あともう一つは、自分のまわりにいる人たちに「楽しんでほしい」とか、「もっと活躍してほしい」とか。具体的な個人に向けた想いで動いている。

たとえば同じビルに入居している人たちのセンスが、秋田で気持ちよく展開する状況をなんとかつくりたい、という強い気持ちでやってきたところがある。みんなのことを本当に心から尊敬していて。ココラボを始めてから、「自分」より「周囲」をメインにして生きてきました。

でも、それはエゴみたいなものだったのかな？と思ったりもする。

まわりが楽しくなることで自分も楽しく暮らせるから、もうマグロやカツオのように働いてきたと思うんですけど、これからはちょっと、家族でいる時間とか、そういうのをちゃんと取れるように仕事の仕方を変えたいなと思って。

なんかいろんなものを私は抱え込んでしまったけど、もう一度、一個一個小さな塊《かたまり》に戻して、いろんな人に手渡してゆく作業をしないといけないと思っているんです。

いちばん小さな単位で「家族」とか、あと「町内」とか。

結局そこが希薄だったことが、土地の均質化につながり、私の土地への劣等感につながり、全部それが原因だったんだなと気づいて。身体をこわすほど働いてきたけど、なんだ「そこじゃん」と思って。

「ココラボがなんかおかしいな？」と思っていたのも、昔はヒマでヒマで予約も入ってないから、とにかく誰かが来たら4時間も5時間もお茶を飲みながら喋っていた（笑）。

1日に1人とか2人のお客さんにずっと付き合って、というか付き合ってもらって。その時のお客さんが今も常連で支えてくれている。

だから全員の名前と顔を覚えていたけど、最近はとにかく予約で埋まっているからギャラリーでだべるわけにもいかない。だからそういうつながりも最近は生まれていない。それでおかしかったんだなって。

地震で一時的に全部キャンセルになって、いろんな人の言葉を意識して受け止めようとしているうちに、またそこに気づけたというか。

――なるほど。「地方の時代」じゃなかったんだね。

笹尾　そう、なかったの（笑）。

――もっと小さな単位だったんだ。

笹尾　そうなんですよね。すべての原因がそこにあるような気がしていて。私が抱いていた問題意識は、辿《たど》ってゆくと全部そこにいく気がする。

原発だってそうかも、と思ったりもするんです。家族を二の次にして突き進んで行くこと？

大事な人たちの表現や活動を成立させるために、周りをバーッと駆けずり回っていて、その真ん中への愛が足りなかったかもしれない。私は。まわりを走り回っている時間があったら、中心をもっと充実させることができたんじゃないかって、今は思うんです。

1：東北行（河北、南三陸、登米、釜石、遠野、秋田）

2

九州行

福岡
鹿児島
屋久島

福岡

東北から戻り、2日間東京で仕事をしたのち、九州へ向かった。この行程は妻のたりほさんも一緒だ。

以前から予定していた屋久島でのワークショップが月末に行われるので、受け入れの準備作業もあって少し早めに現地入りする。あとから来る他のスタッフとは鹿児島で合流することにして、僕ら二人は1日早く福岡から九州に入った。

空港から乗った地下鉄が東京のそれと一味違う。どことなく、たりほさんの機嫌がいい。カメラを構えて、ドアや椅子のディティールを激写している。

一見横に長いベンチシートが、実は一脚ずつにわかれた椅子席になっていたり。パイプの手摺《てす》りに木製の肘掛《ひじか》けが付いていたり。扉も真っ赤。どうやら水戸《みと》岡鋭治《おかえいじ》さんがデザインした車両のよう。

水戸岡鋭治
1947年生まれ。工業デザイナーでありイラストレーター。1972年、ドーンデザイン研究所設立。1988年に手がけた「ホテル海の中道」のアートディレクションをきっかけに、JR九州の列車・駅・広告のデザインにかかわる。文中の車両は、JR筑肥線から地下鉄に乗り入れている303系コミュータートレイン（2000年）。

各駅ごとの紋章も素敵だ。駐輪場の柵一つとってもデザインのOSが違う。モダンなかっこよさは、あまり志向していないんじゃないか。このまちではデザインが「ここにわたしたちがいる」感覚を共有する一助になっているように感じる。とくにパブリックスペースのそれに、「買って」とか「注目して」ではなく、「わたしたち（Ｗｅ ａｒｅ）！」と語りかけてくるようなデザインが多く（主観です）、それらを通じて肯定感の交わし合いが進んでいるような気がした。

デザインの話は別にしても、福岡のいいところは、住んでいる人たちがここでの暮らしにおおむね満足していることでないかと思う。美味しい店も多いし、街はほどよいサイズ感で、海をはじめ郊外の自然も近い。

まちを歩いていてホッとするのは、住んでる人たちの「ここ、いい」という安心感が伝わってきているんじゃないかな。

福岡に立ち寄ったのは、九州大学の田北雅裕さんにインタビ

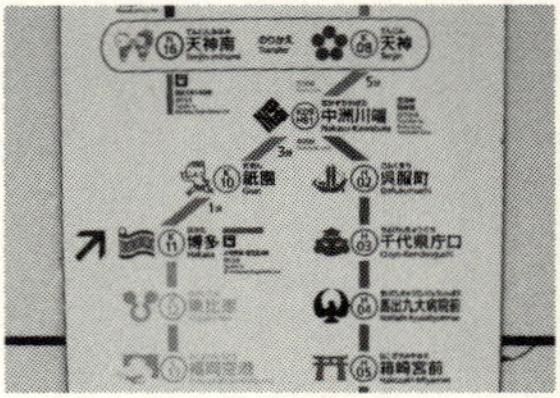

ューをお願いしているからだ。僕がめずらしく信頼を寄せている、まちづくり領域のファシリテーター。熊本県阿蘇《あそ》郡小国《おぐに》町《まち》・杖立《つえたて》温泉へのかかわりを通じて、知る人ぞ知る存在だ。

待ち合わせ場所は警固《けご》の「アルバス写真ラボ」。早めに着いたホテルの部屋で荷物をほどきながら、そのアルバスを営んでいる酒井咲帆さんという若い女性のことを思い浮かべていた。

彼女は写真家で、この春は茨城県の水戸芸術館で展覧会をひらいていた。案内の葉書を受け取り「行こう」と思っていたが、地震で水戸芸は一部破損。つい最近まで閉館していて、酒井さんの展覧会もいったん流れてしまった。

そんなことを思い返しているうちに、急に彼女にインタビューをお願いしたい気持ちが浮かんできた。

連絡をとってみたところ、たまたま時間が合って、田北さんのインタビューの前に少しお話をうかがえることになった。

「アルバス写真ラボ」は2階建ての住宅を改装してつくられた

場所。正面から入って、1階左側がDPEショップ、右側と奥がカフェ。2階がフォトスタジオ兼ギャラリー。

カフェの一角に腰をおろして、急なインタビュー依頼を詫《わ》びる僕の言葉を、酒井さんはニコニコ顔で聞いている。水戸芸の展覧会の話に触れると、「これを見ていただきたくて」と、写真展のダイジェストとしてつくられたアルバムを渡してくれた。

写真には被写体でなく、被写体と撮影者の「関係」が写る。見る人はそこにお邪魔することになるわけだけど、僕は彼女の写真に「いま、地方で生きるということ」というテーマへの応答の一つが体現されている感じがして、しばらく見入っていた。

同館学芸員の門脇さや子さんは酒井さんのこの写真群を、芸術館のパンフレットでこう紹介している。

「酒井咲帆は、人との対話や関わり合いを主軸に、写真家の役割を越えたさまざまな活動を行っている写真家である。

今回展示している《いつかいた場所》は、旅の途中で偶然出

アルバス写真ラボ
www.albus.in

会った子どもたちと酒井との、10年にわたる交流を記した写真集だ。バスで居眠りして偶然辿り着いた見知らぬ村。途方にくれる酒井を待っていたのが、写真に写っている子どもたちとの出会いだった。

再会は約束となり、以来10年間、毎年一度その村に出向いて子どもたちと時間を重ねることとなる。今年その子どもたちは、成人式を迎えた」

本人の了解を得て、この本の中に小さな展示スペースをつくり、ごく一部ですが一緒に見てみたいと思います。

酒井咲帆

写真展『いつかいた場所』より

10年前、初めて訪れた小さな村。目的もなくバスに乗り、たまたま目にした場所に彼らがいた。
「ぼくたちは『魚かいぞくだん』の、かおり、なおき、さっち、ひさ。
ここは虻ヶ島がきれいに見えるんだ」それ以来、毎年一度だけ彼らに会う日が訪れる。

翌年、私は写真学生だった。虻ヶ島が見える海辺で魚かいぞくだんは「おねえさんは王女ビビね」と言った
3歳になったひさの妹も一緒に進んだ。

Coca-Cola

おきから手紙が届いた。
さっちとかおりが野球ぶをやめました。でも手がみをあげたりしていたら、らい年もきてくれると思います。
っちが野球ぶをやめたから、ぼくがせん長になったのだ。でも中学にいったらまたさっちがせん長になるのだ。
い年も氷見にあそびにきてください。さらばだ～」

写真」に写りたくないと顔を隠すようになった。思春期が始まったんだ、と思った。
も彼らに気をつかうようになった。

中学生になった。
かおりから「好きな人ができた」と手紙が届いた。
ほとんど写真に写ろうとしなかったかおりが、一番たくさん手紙をくれた。
手紙には、いつもプレゼントがついていた。

海にカメラを向けるといつの間にか蚫ヶ島が写っている。男島と女島が並ぶこの「あぶがしま」は、この村の宝
うつりゆく村に、変わらず大切な物を伝えつづけている。

毎年同じ民宿『よしさか』に泊まる。「よう飽きずに来られるわね」と声をかけてくれる。
たまに、ここが子どもたちとの遊び場にもなる。

携帯を持つようになりメールが届くようになった。「来年は車で迎えに行くから」と。

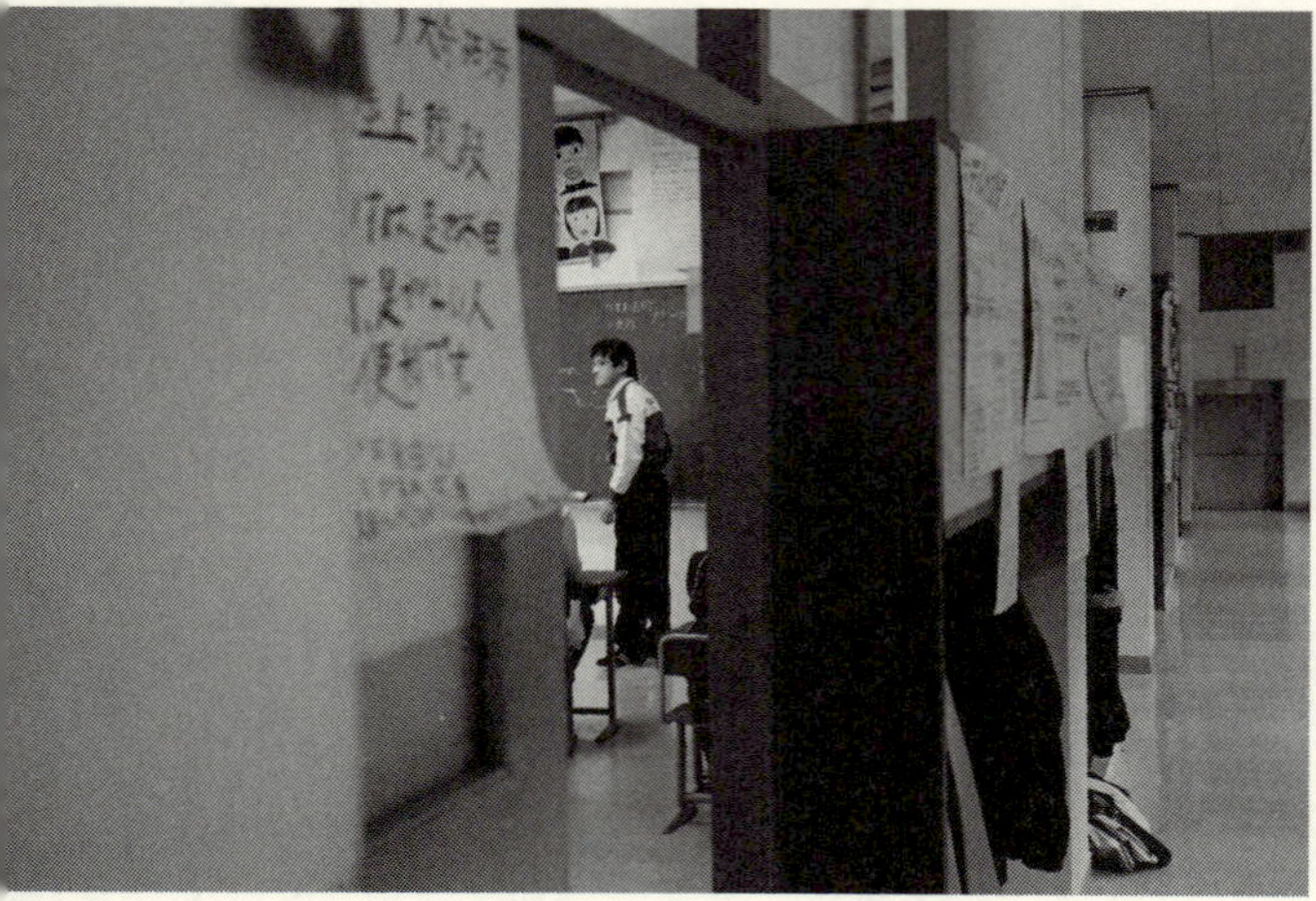

II年、女良小学校は合併することになった。
長先生に呼ばれ「学校をたくさん撮影してください」と頼まれた。
月の閉校式で、これまでの写真を学校に展示する。

かおり、ひさ、なおきが成人式を迎えた。なおきが、ヴィヴィアンのスーツを着て「いい写真、撮ってくれ」と言った。

♪さとドライブに出かけた。虻ヶ島にさす光がとてもきれいだった。

2011年5月23日

酒井咲帆さん

「問題が見えなくなるぐらい大きな力で、問題を包み込む」

酒井　写真は専門学校に通って学びました。夜間部で、お昼は写真屋さんで働いて。夏休みに宿題が出るのでどこか旅に出ようと思った。友人が亡くなったことも重なり、その人が働いていたのが富山県だったので、行ってみようとカメラを持って出かけてみたんです。

その時に出会った子どもたちが、お互いに遊んで楽しくて。「またねー」っていう。その「またね」の約束を守りたいなと思って翌年もまた行って。で、3回4回となっていくうちに、なくなっていくものが見えてきた。商店がなくなったり、幼稚園が閉園したり、風景がちょっと違っていたり。

子どもたちが大きくなった時に、それを伝えないといけないんじゃないか。ふるさとはこうだったんだよ。

　で、ふるさとを守っていくのは自分たちなんだよ、ということをいつか伝えたいなっていう、ちょっとした使命感に変わり、「行かなきゃ」という気持ちになっていったんです。


――その頃はまだ、福岡在住ではないですよね？


酒井　はい、神戸です。ある会社を辞めてアルバイトをしていた時、以前知り合った人が「いま九州で子どものプロジェクトをやっている」と話してくれたんです。

　私はその頃「子どもにかかわる仕事をしたいけど、保育士ではないな……」という感じで、もやもやしていたんですが、彼の話を聞いて「一度行ってみたいな」と。それで九州とつながった。「どうせならこっちに来たら？」と言ってもらって、そのプロジェクトにかかわる形で移り住んだんです。

「行ってみればなにか起こるだろう」「自分がそれを受け入れられなかったら、また戻ればいいし」って。

酒井《さかい》咲帆《さきほ》
1981年兵庫県生まれ。写真家。「アルバス写真ラボ」オーナー。まちの人々との対話・交流、とくに子どもを取り巻く風景を撮りつづける。アルバスはアルバムの語源。「まちのアルバムとなるように」という想いのもと、写真にまつわる多様な活動を展開している。

――どこで暮らしてゆくか？　という場所の選択に、あまり頓《とん》着《ちゃく》はないんですか？

酒井　ないです。このお店を開いて思ったんですけど、住んでいる人たちが「自分のまちを良くしていきたい」と思っている場所なら、自分もその一員になって、暮らしを良くしていけるものなんじゃないかなって。

どこに行っても、そこの人たちとまちをつくるというか、住んでいるところを大切に思うことはできると思った。

――今ここで酒井さんがどんな仕事をなさっているのか、少し説明を。

酒井　福岡のまち中で、「アルバス写真ラボ」という写真屋を営んでいます。私自身は写真家でもあり、写真屋のオーナーで。写真屋では、1階でまちの人たちが持って来たデジカメデータのプリントやフィルム現像をしていて、2階に家族写真などの撮影をするフォトスタジオ兼ギャラリーがあります。

カメラがデジタルになってから、みなさんデータで写真を残されるようになって。それがたまりにたまって、写真をふりかえって見ることが少なくなってきた。プリントもしなくなり、アルバムをつくるという行為自体も少なくなってきています。

写真屋はどんどん減っていて、そうするとまちの記録も残らないし、子どもたちのアルバムも残らない。みんなが大きくなって次の世代に自分たちのことを伝える時に、話をする場すらなくなっていくんじゃないかと思って。写真というより、アルバムを開いて、それを囲んで一緒に語り合う場が大事だと思っているんです。

みんなにまずアルバムをつくってほしい。それをまちの中で広げてゆくには、お店にするのが一番わかりやすいんじゃないかなと。

私たちがご家族の写真を撮ってアルバムにしますよ、という仕事もしています。まちの中の写真屋ですから、住んでいる人たちと顔見知りになって、なにか困った時には相談し合える関係をつくっていくための行為の一つが撮影なんです。だから「撮ってください」とお客さんがいらっしゃったら「やったあ!」というか。「友だちになれる!」っていうか。また会いに来てほしいし、お子さんの成長も見れるし。そういう感覚でやっています。

アルバムをつくってお渡しする時、お客さんの表情が「安心」というか「ああ、家族がいて良かった」という感じなのかな。〝家族〟というものをあらためて形にして見るわけですけど、客観的にそれを伝えられて、より自信になっているような表情をされるんですね。

「写真を撮ってアルバムにしたいね」って、家族でお話をして来られることが、既に幸せなのかなという気もする。わたしたちはそれを形にして戻すわけです。そういう小さな支えのようなものをお互い様で交換してゆくというか、受け入れ合うというか。

2階のスタジオはギャラリーとして貸し出してもいるけど、そこに集まる人の話を聞いたり、いろんな相談にも乗ったり。ゲストを呼んでお話を聞くイベントのようなこともしていて、街の公民館のような役割になりたいなと思っています。

写真屋をやっているという気持ちは半分あって、半分ない。最初の頃は「作家としての表現方法の一つに〝写真屋〟というのもあるんじゃないか？」と思っていました。

でも写真屋さんという機能はまちの人たちの思いと一緒に営まれてゆくので、私の手を離れてもそのまま維持できるようでないと。スタッフが3人いるんですけど、それぞれが個性を活かしてできることをしていきたいなと思っています。

――酒井さん自身は、離れる準備を始めている？

酒井　最近それが強くなって。準備をしなきゃと思っています。

――じゃあ、福岡からどこかへ移る可能性もあるんですね。

酒井　はい。自分自身の家族を持つことであるとか、一住人として、どう生きてゆくのかも考えていかないと。離れるというか、自分の変化を起こしてゆきたい。

「どうしたらいいかわからないけど、まちをもっと住みよいところにしたい」と考えている人たちがいるところに行きたいな、という気持ちもあります。少し物足りなくなってきているのかな？

同じ場所で、同じことをしながら過ごしていると、「こういう時はこうすればいいんじゃないか」ということはある程度見えてくるんですけど、その先に発展しないことが多くて。新しい方法なり手段なり可能性を見つけるために、また違うところへ行きたい。

――まちの人の「ここをもっとよいところにしたい」という気持ちにかかわる手段として、酒井さんの場合「写真」がある？

酒井　その時にいちばん必要なことを考えられればいいと思うんですけど、人より少しだけ写真の技術があるので、それでなにかできるならそこから考え始めるんじゃないかな。

問題を見つけ出して、それを解決するのが自分の仕事なんじゃないかと思う。

あと解決するという形ではなくて、それが見えなくなるぐらい大きな力で問題を包み込むような行為も、どちらも私の仕事だと思っています。

trene
DELI & BAL
albus
photoprint
gallery
studio

2011年5月23日

田北雅裕さん
「自分の幸せを考えたこともないですね」

田北雅裕《たきたまさひろ》さんは九州大学の人間環境学研究院で、まちづくりとそれにかかわるデザインを教えている。

まちづくりに対する彼のスタンスは、まず「当事者になる」こと。この言葉を口にする地域開発コンサルタントやまちづくりのファシリテーターは多いが、僕は話半分で、あまり鵜呑《うの》みにしないことが多い。そう簡単に口にできることではないと思っているので。

しかしこの後のインタビューでも語られるとおり、田北さんの当事者感覚には、なんだか突き抜けたものがあって心を動かされる。

もう一つは「専門性を持たない」ことだと言う。

コンサルタントにせよファシリテーターにせよ、その肩書きで地域の人々に出会ってゆくと、その専門性に対する依存、あるいは逆に線引きや抵抗も生じやすい。

東北の被災地における支援活動でもしばしば感じたことだが、ある専門性やスキルを役立てたいと考えて、それを前面に立てて入ってゆく団体や個人の多くがコミュニケーションに失敗している気がする。働きの起点が相手でなく、自分の専門性になってしまうことで。

しかし田北さんはまず誰かと会い、その中で役割を決めてゆくことを大切にしていて、最初から役割が決められている場合も、それに囚《とら》われずに動くことを心掛けているようだ。

三島さんからこの本のテーマを聞かされた時、まっさきに「それを書くべき僕以外の人」として思い浮かんだ顔ぶれの一人が、実はこの田北さんだった。

「本気にならないと駄目だろう、と」

——いつ頃から、まちづくりの仕事に？

田北　僕は北九州の大学で土木工学を学んで、福岡の九州芸術工科大学の大学院に通い、もう一度北九州の大学で博士課程へ。そして大学院の頃から「トリビア」という名前で、いろんな個人の活動をしてきました。トリビア（trivia）は、「ちっぽけなこと」とか「ささいなこと」という意味です。

最初のきっかけは、高校生の頃に時々たむろしていたある橋の下の空間なんですよね。熊本市の。そこは僕にとって特別な場所だったんです。仲間と缶コーヒーを飲みながら他愛のない話をしたり。時々授業をさぼって、そこで一人でぼーっとしていた。

で、進路を決めようという時、「こういう場所をつくりたいな」と思って。先生や親と一緒に「橋だから土木？」という勘

田北雅裕
1975年熊本市生まれ。九州大学大学院専任講師。デザイナー。プランナー。2000年、九州芸術工科大学大学院に通う傍ら、デザイン活動「トリビア」を開始。2004年に熊本県杖立温泉街に移住。大学の研究室と協働で、まちづくり機関「杖立ラボ」を設立し、住民の立場からまちづくりに取り組む。2008年「南阿蘇えほんのくに」事務局長（～09年2月）を兼任。09年4月より九州大学大

違いをした。後になって、そこは「人がどう過ごすか」を考えて生まれていたわけではないと気づくんですけど。

――一人の高校生が、いい時間を過ごすことを目指して形づくられていたわけではなかった。

田北　ええ（笑）。橋の余白のようなものであって。たまたまそれを僕が、個人的に大切に感じていた。

　でもそういう、個人的な想いが定着したり愛着が湧いたり、「ここって大切だよね」と思えるようなことが、もっと必要だと思うんです。多くの人から見ればちっぽけなことでも、本人にはすごく大事なもの。

　そういう小さなものを大切にして認め合える公共性が要るんじゃないか、という意味で「トリビア」の名前で活動を始めたんです。

　最初は「オモイデアンケート」というのをやりました。研究

学院に着任。

オモイデアンケート
memory.local-design.jp

の一環として、僕の橋の下のような、お気に入りの思い出の場所をいろんな人に聞かせてもらった。するとヒヤリングが終わってから、「ありがとう」と言われることが多かったんです。それがすごく心に残って。

研究データとしての価値よりも、思い出を話すこと自体にすごい価値があるんじゃないかな？ と。そこをスルーして研究に仕立てることには強い疑問を感じた。そこで、集まった「オモイデ」を手づくりのフリーペーパーにまとめて、まち中で配ることを始めたんです。ウェブを猛勉強してインターネット版もつくった。

そうしたらいろんな反響があって。一気にいろんな関係が生まれ、複数のプロジェクトにつながっていったんです。「ドットＦ」という福岡の音楽シーンを活性化していくためのプロジェクト。北九州の「ＲＥ／ＭＡＰ」というアートプロジェクト。日比野克彦さんのアートワークショップのサポートや、ラジオ局ＬｏｖｅＦＭの広告デザインとか。学生の身分をいかして、ニュートラルな立場でいろいろ動いていった。

そんなところに、大学の研究室に来た依頼として、杖立のプロジェクトがあったんです。

——熊本県小国町の杖立温泉。

田北　小国町から研究室に依頼があった。杖立の街並み景観の基本計画づくり。「お前が中心になってかかわらないか？」と先生に言われて。北九州から杖立は車で2時間以上かかるんですけど、月に1回くらい行って「杖立がどうあるべきか」とか、いわゆるまちづくりワークショップを始めたんです。

その頃の杖立は、バブル期をピークにお客さんがどんどん減っていた。で、いろんな企画や計画書がつくられていたけど、なに一つ実現していなかった。

地元の人と話をしてゆく中で、計画をつくっても、それを実現してゆくのがすごく難しい集落であることがわかってきまし

杖立温泉
熊本県阿蘇郡小国町（旧肥後国）の温泉街。全国各地で見られる「鯉のぼり祭り」の発祥の地でもあり、とくに昭和初期の頃は「九州の奥座敷」として知られ、大変な賑わいがあったという。近年は「杖立プリン伝説プロジェクト」など、路地裏（杖立では「背戸屋」という）を活かした取り組みも好評を博している。

た。

審議は集落の理事会で行われます。理事は十数名いる。けど、そこではなかなか結論が出ない。いつも「では執行部で決めますね」という形で会議が終わる。その方たちは温泉の泉源持ちで、力が強い。実現していくのは一部の人たちが決めたものばかりだったんです。いつもみんなが愛着を持てないままプロジェクトが進んでしまって、多くの人が「なにを言っても通用しない」と思っている。温泉を止められてしまうんじゃないかという不安もあり、進言もできない。

そういう構造があって、杖立はもう駄目だとあきらめている人が多かった。

しかしそれでも「変えたい」と思っている数名の人たちがいて、その人たちと話していたら、「これは変えなくちゃいけないな」と僕も思った。それも「本気にならないと駄目だろう」と。

なので、移り住みました。

——その時もまだ学生ですよね。

田北　はい。生活費としては奨学金をあてにしていました。当時僕のいちばんの収入源はウェブ制作だったけど、杖立はまだＩＳＤＮでブロードバンドは来ていなかった。北九州からも2時間かかるのでこれまでのようには稼げないけど、奨学金があればまあいけるかなと。

27歳の頃ですね。まだ結婚はしていなくて。トイレは共同、風呂は共同温泉のアパートがあって、家賃が1万2000円ぐらい。これだったらと考えたけど、今にして思うと甘いですね。

最終的に研究室から提出した計画書は、自分の移住を踏まえた内容にしていました。行政に気合いを示さなくては（笑）という気持ちもあって。「この計画を実践してゆく主体をつくります」「杖立の中に事務所があって」という具合に。

「想いを引き寄せておいて、手放すことはできなかった」

――杖立の人たちは、その田北さんをどう見ていました？

田北　「杖立をどうにか変えたい」と思っている人たちは僕の決意を喜んでくれたけど、中には心配してくれる方もいました。「やめたほうがいい」とか、「杖立はとにかく大変なところ。なぜ未来のあるあなたが？」とか。親にも強く反対された。実家は熊本なので、彼らは杖立温泉がいかに寂れてきたかを見ているんです。「黒川や湯布院ならまだしも、なんで杖立なんだ？」「お前は学位を取るために大学に行っていたんじゃないのか？」と。でも喧嘩しながらも説得して、移住して。

――そうか。それで何年いたんですか？

田北　月に1度通っていた期間を含めると6年。移住して住んでいたのは5年です。九大の先生をやることになって離れて、いま2年とちょっと。

離れると決めた時、杖立は結構うまく回り始めていたんです。いわゆる若手の人たち、と言っても僕より年上の方たちですが、彼らが自分たちでものごとを考えてそれをきちんと進言できる。理事会の役員にもなり、そこで議論できたり。

僕の一つの目標は、かかわっていた杖立の人たちが「自分たちで考えたものごとを実現できるようになる」ことだった。ようやく3年目くらいから形になり、良くなってきた。

僕も杖立だけではとても生活できないので、その頃は南阿蘇の仕事をしたり、別の仕事も兼業していました。彼女もできて。杖立から車で10分くらいの同じ小国町に相手の実家があったので、米蔵を改装して、もうずっとそこに住むつもりで自宅にした。

杖立以外の仕事もしながら身近な距離に住んで、ずっとかかわっていくつもりだったので、九大に来るなんて考えもしなかった。

——杖立に骨を埋めてもいいと思っていた。

田北　それぐらいです。

——なんでそこまで思ったんだろう?

田北　いわゆる地域開発やまちづくりのコンサルタントは、なんだか〝仕事〟で仕事をしているなあと思っていたんです。複数の地域にかかわって。同じアイデアを使い回して効率化を図ったりもする。「当事者になることが大切ですよ」と語ったりするけど、自分の地元の自治活動はなにもしていなかったり。そんな矛盾に違和感があった。

僕は当時、杖立に入ってやっていることの一つひとつが、もう二度とできないことだなと思っていたんです。

たとえば杖立のラボの改修は、お金がなかったからほぼ一人でやりました。板を持って来て敷いて、塗装して、壁は漆喰《しっくい》を塗りという作業を、「なんで俺はこんなことをしなくちゃいけないんだ?」と思いつつ8カ月くらいかけて。湿っぽいんです。温泉街なので、改装しているそばからカビも生えてきたり。
　この頃はとにかく苦しかった。杖立の人たちにはデザインにかかる労力はわからない。ほんと3年目までは極貧で生活できていなかった。うまくいかないことが多くて、住民の人たちと互いに、泣きながら議論したこともあって。

――「離れるべきじゃないか」とは、考えなかった?

田北　そうは思わなかった。「なんでわかってくれないんだろう」とか、ショッキングなことはあったけど、その後に小さな喜びがあったりして(笑)。会議を終えて僕がラボで呆然《ぼうぜん》としていると、前に住んでいる旅館の女将さんがおにぎりを持ってきてくれたり。ラボの前に植木鉢を置いて、毎月花をかえてく

2011年5月23日　田北雅裕さん

れたり。
そういうの、なんなんだろうな？って。一学生の僕が来たところで一気にお客さんが増えるわけでもなく、輝かしい未来が待っているとも思わないだろうに。なんでこんなに良くしてくれるんだろう？みたいな。

でもそういう人たちが、現状の杖立にすごい危機感を持って「変えたい」と思っていた。以前はすごく流行《はや》った温泉街なんですね。その頃のみんなのまとまりを大事に思っている。
そういう人たちの想いをここまで引き寄せておいて、手放すことはできなかった。もうここでどうにかやってゆくということしか、その時は考えられなかったです。

「〝住む〟こと自体が一つのまちづくりだ」

——田北さんは、自分が生きてゆく場所を決めてゆく時、何を手がかりにしますか？

田北　僕は「将来こうなりたい」っていう目標がないんですよ。まったくなくて。

大学3年の頃、別の大学に行っていた高校時代の友人が、寮のおじさんが出した火事で死んだんです。その経験がいろんなことを考えさせてくれた。たぶん彼はいつもどおり寝て、明日もあると思っていて、でも他人の不始末で命を落として亡くなったんです。

でもそれって、みんなそうなんじゃないか。僕らだって明日死ぬかもしれないわけだし。

そんな中で「思い出になるような、ささやかな場所や営みをつくりたい」という強い想いがあって、杖立でそれをなんとなく実践できている感覚もあったわけです。

それ以上の夢は僕にはなくて、ないことについて悲観的な気持ちもない。たとえば僕が福岡に来て、左官屋をやる。そうしたらそこに僕の役割があるわけです。

――ん？

田北　どういう仕事でもいいんですよ。たとえば妻の実家はガソリンスタンドなんですけど、そこから「来て働いてくれないか？」と言われたら僕は行く。で、その中で役割を見出せばいいと思っていて、僕自身には「こういうことをやりたい」というのは本当にないんですよね。

だから自分が住むべき場所も、その時その時で決まっていく。杖立も最初から住もうなんて思っていなかった。あるおばちゃんと飲んで話していて「よし、じゃあ住もうかな」と思ったんです。

そこに身を委《ゆだ》ねるのは自分にとってすごく自然なことで、それしか考えられないというか。

いま僕は独身だったら、福島に移り住んでいると思うんです。

――先日、支援活動で少し滞在していましたね。

田北　もちろん、独身ではないし家族がいますから、そうは動かない。でもかなりグイッとくるものがあったのは確かで。

福島の人たちから、「今まで普通に付き合っていた人が、なにも言わずにいなくなったりするんだ」という話を聞いたりしているんです。友だちだと思っていた人が。「しょうがないことだと思いつつも、なんで私に言ってくれないんだろう？と思う」、と聞かせてもらったり。

いま一緒に福島のウェブサイト（ＰＲＡＹ＋ＬＩＦＥ）をつくっているのは、結婚したばかりの女の子です。彼女は「今から子どもをつくろうと思っていた」と。「でも本当に産んでいいんだろうか？」と悩んでいたり。

これから生きてゆくうえで、あまりに不安要素が多い。

放射線が心配でも住みつづけざるをえない人たちがいる。外から一方的に「避難しろ！」と言うのは違うと思います。愛着のある場所で平穏に生きていくという、あたり前の権利が損な

ＰＲＡＹ＋ＬＩＦＥ
「震災や原発事故と向き合いながら、どう生きていくか？」という投げかけと、時間とともに消えて行く体験や気持ち、受けた影響、これからへの想いを、残し伝えてゆくウェブプロジェクト。
www.praylife.net

われているんです。それも理不尽な事故で。

僕が行くことでできるのは、すごくささいなことかもしれないけど、たとえばその人の話を聞いたり、その人が知らないことがあれば伝えることができるかもしれないし。

そういうことを考えたら、住みたいなというか、住むべきなんじゃないかと思うわけです。

――そういう動機で十分なんだ。

田北　十分ですね。

――誰かが困っている状況やほっておけないような事態は、知りさえすればもういたるところにあると思うけど、先着順なんですか？

田北　そこは論理的に考えていないです。自分の中にはなにか判断基準があるんでしょうね。こみ上げてきて「あ、もうこれは行かなきゃ」となるものがあるので。

「これをやりたい」というものが、なにか恒常的にあるわけではないんです。誰かにとって大切なものや、そう思えるようなものをつくりたいという気持ちはあるんですけど。

——田北さん自身が幸せになりたい、というアイデアではないんだね。

田北　いやぁ、ない……。幸せってなに？　わからないし、僕は十分幸せです。たぶん。自分の幸せを考えたこともないですね。

——「これからは地方の時代」といった言葉をよく耳にしてきたけど、僕は全然ピンとこないんですよ。中央に集められた権利や利益を取り戻す時代なんだ、とか言っていたらなにも変わらない気がして。「時代」という言葉を使っている時点で、それもいつか終わることを含んでいるし。とてもぼやっとした言い方だなと思う。

僕に見えているのは、〝身近で具体的なものに、エネルギーと時間を使う人が増えてきている〟ということです。


田北　以前は「地方」にこだわりがありました。社会的に、地方にしわ寄せが来ているんじゃないか？　とか。東京で使う電力を福島で発電しているのもそうだし、頭の中ではそんなことを考える。

でも個人的な感覚としては、東京が駄目でこれからは地方なんだ、というのはなくなっている。とくに杖立以降かな。中央／地方と分けてとらえること自体に違和感がある。僕の中でそれらの領域の境目が薄れてきている感じがあるんです。頭で考えてわからなくなったら、感覚に正直になろうとするんですけど、今はそんな感覚がある。

でも「土地のつながり」というのは、やはり揺るぎないものとしてあるというか。その場所にともに身を置くことでしか、感じえないつながりはある。それがいろんな地域で薄れてゆくことについて「だから復活させなくてはならない」とは思わないけど、大切だとは思っています。

杖立がそうだったけど、僕は一つの手段として「住んだ」んですよね。それ自体が一つのまちづくりだ、みたいな。住むことによって圧倒的な何かを感じ合うわけで。

――これからも、ご自身がほっておけない場所へ行くんでしょうね。

田北　そうですね。住んで。なにかデザインしたり、計画するわけでもなく、話を聞くことだけがかかわりかもしれないし。隣に座ることだけが、かかわりになることもあるかもしれないし。

4

鹿児島

福岡から鹿児島へ。N800系の新幹線「さくら」に乗る。窓のスクリーンが木製の簾《すだれ》だったり、椅子の張地の柄が車両ごとに違う、水戸岡鋭治さんがデザインした話題の新幹線。時刻表にはなぜかN800系の車両情報が載っていないので、これに乗るには、みどりの窓口で明確に意志を伝える必要がある。

ホームに入ってきた列車を眺めるみんなの目つきが、通常の新幹線に対するそれと違う。車両に乗り込んでゆく乗客たちの口元が緩んでいて、笑顔が多い。これと似た状況をどこか別の場所で見たことがあるな。そうだ、ウィーンの市街でフンデルト・ヴァッサーの建築を見上げている観光客がみんなこんな感じだった。

あきらかになにか嬉しそうな反応を示しているわけだけど、いったいなにを喜んでいるんでしょう？

N800系
九州旅客鉄道（JR九州）の新幹線車両。全車両普通車のモノクラス編成だが、座席は横に4席並び。インテリアの随所に、伝統工芸をはじめとする手の込んだ仕事が施されている。エクステリアおよびインテリアデザインは、水戸岡鋭治とドーンデザイン研究所による。

フンデルト・ヴァッサー
Friedensreich Hundertwasser（1928年12月15日〜2000年2月19日）。オーストリアの芸術家、画家、建築家。自然への回帰を表現の軸足にする。日本に縁が深く、大阪市の清掃工場やキッズプラザ大阪の「こどもの街」も手がけている。

僕は水戸岡さんの「N800系・さくら」をグッドデザインだと思っていない。これは列車の形をした〝生命賛歌〟だと思う。「デザインはやりすぎるくらいがいいんだ」と本人がどこかで語っているようだが、人々が嬉しそうなのは、そこにたくさんの生命が含まれているからだと思う。モダニズムは本来〝生命賛歌〟だったと思うのだけど、いつ頃からか理性のほうがその中心になってしまった。

わたしたちが目を離せなくなるのは、生命レベルの高い現象であって「デザインのいいもの」ではない。もちろん水戸岡さんのそれは、カラーバランスも、プロポーションも、素材の扱い方も、製法と設計の辻褄《つじつま》も整っていて素晴らしいお仕事だと思う。デザイン面の評価ポイントをマニアックにあげてゆけばキリがない。

けれどやはり、「公共交通である〝にもかかわらず〟」あそこまで突き抜けたホスピタリティを実装した仕事ぶりというか、つくり手たちのあり方がこちらに響いてくる。

デザイナーは一人では働けない。アシスタントが要るという話ではなく、クライアントあっての仕事であり、どんなに能力の高いデザイナーもクライアントの器《うつわ》以上の働きをすることはできない。

水戸岡さんの一連の仕事における、JR九州やその担当者にも同じことが言えるはずだ。彼らの器あってのこの仕事なのだと思う。もちろんこれはデザインにかぎった話じゃない。仕事をする人に対する教育より、仕事を出す人たちのための教育のほうが重要だし、これから可能性があるんじゃないかと思うのだけど、「N800系・さくら」で盛り上がっているうちに話がそれてしまった。

新幹線は鹿児島中央駅に着く。

関東を離れて九州に足を踏み入れると、日射しの角度の違いを感じる。そして少し嬉しくなる。鹿児島には父の実家があり、

JR九州における水戸岡さんの仕事のパートナーでありその器となった人物は、JR九州初代社長の石井幸孝さん。旧国鉄の車両畑を出自とする人物。車両だけでなく駅舎改装も含み、鉄道を通じて九州に大きな業績を残した。

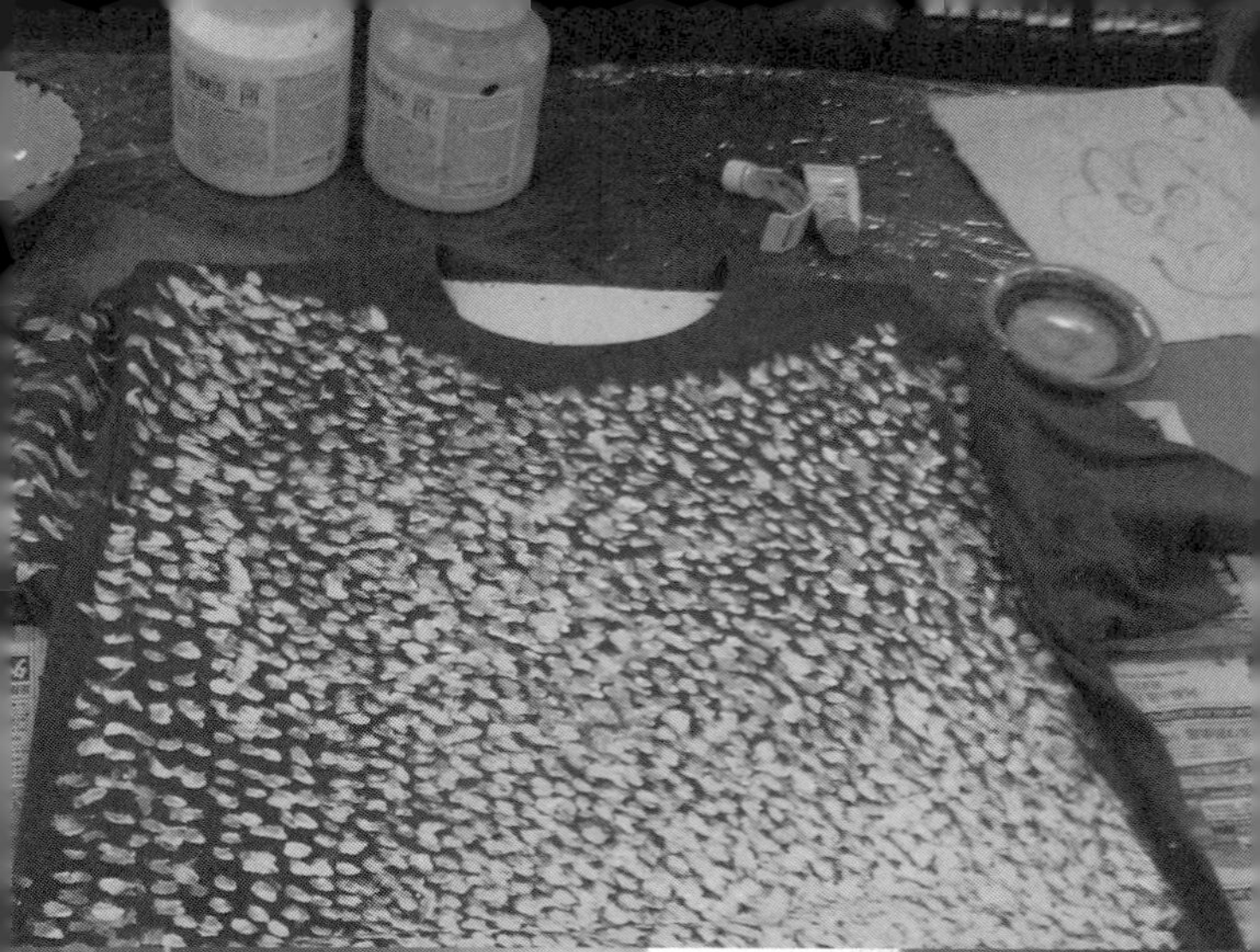

古くは錦生館《きんせいかん》という木造の素敵な旅館宿を経営していたのだけど今はもうない。

昨年知り合った若いデザイナーのKさんと合流。この後の1日半、鹿児島を案内していただくことになっている。その中で訪れた3つの場所について少し触れておきたい。

しょうぶ学園は鹿児島市の住宅地にある障害者支援センター。「nui プロジェクト」で有名な施設だ。

障害者に作業指導を行う授産施設の多くは、障害を抱えている人にもやれる、できる限り簡単で安全な作業を用意して与えることが多い。が、簡単ではあってもその枠をはみ出してしまうことは往々にしてあって、そんなことがつづくと、作業をする人も指導する人も双方疲れてしまう。

しょうぶ学園では20年ほど前から、その枠組を逸脱したモノづくりが始まった。

設計図的なものはもう用意しない。障害をもつ人に、本人が安心できるペースで、好きなように作業してもらう。たとえば

しょうぶ学園
知的障害者の支援のほか、さまざまな地域交流事業を行う福祉施設。外部から立ち寄れるパン屋やパスタ屋、手打ちそば屋も美味しく評判がいい。「nuiプロジェクト」は1992年から本格化した。
www.shobu.jp

「nu・iプロジェクト」では、布に針で糸を延々と通しつづける形で。長い場合は1年ほどの時間をかけて、そこにはある種の自然現象のようなものが姿をあらわす。こうして生まれてくる産物から、スタッフが事後的に商品をつくり出すという具合にコトの順番が入れ替わった。

以下は僕の解釈が大きいと思うが、従来の授産施設のあり方だと、たとえ作業内容は簡単でも、障害者はいわばファクトリーの工員として機能することを求められる。スタッフには管理者の働きが求められる。

でも、しょうぶ学園がある頃から試みた方法では、障害者はいわば〝森〟や〝山〟のような自然界で、スタッフはそこに入って、きのこや山菜を採るような関係になる。

彼らの試みが注目を集めるのは、この転換に「障害者とのかかわり方」という課題を超えた普遍性が感じられるからだと思う。自然な発露《はつろ》を肯定されている障害者の姿を見る時の嬉しい気持ちは、この社会の中における個々人のあり方の可能性と重なってくる。さらに言えば、「地方」のあり方についても同じことが言える。

望ましさに応えるために頑張るのではなく、本人が本人でいることで価値が生まれるようなあり方。生きている自分への責任を全うすること。

翌日、鹿児島の東シナ海側、日置市《ひおきし》吹上町《ふきあげちょう》の集落に、ご自宅と仕事場を構えている大寺聡さんを訪ねた。

彼は武蔵野美術大学を卒業。都心で活躍していたが、ある頃から東京での暮らしに疑問を感じ、34歳で郷里に戻ったという。以降この場所で母親や妻、お子さんと暮らしながら、東京を含む都市部のクライアントを相手にイラストレーションの仕事を重ねている。

案内人のKさんいわく、田舎にいてもこんなふうに働けるし生きてゆけるという、鹿児島の若いつくり手たちの心の拠り所のような存在なのだという。

大寺《おおてら》 聡《さとし》
1966年伊集院町生まれ。武蔵野美術大学デザイン学科卒業後、フリーイラストレーターとして活動。2000年に活動拠点を東京から郷里の日置市吹上町へ移す。
www.ohtematic.com

大寺さんは、この前日に彼のもとを訪れた東京在住の編集者と、震災から約2カ月を経て、東京の若い人たちの中で、東京を再肯定する動きが以前よりさらに強まっているんじゃないか？という話を交わしたと教えてくれた。

「え、そうなの？」ときくと、「もちろん東京から離れて生きてゆく選択をする人も増えています。けど、それはあくまで少数の目立った動きで、多勢はなお東京志向を強めていると思う」「実際に調べてもこの10年の間に、鹿児島の人口は8万人減り、東京では100万人増えているんですよ」。

ここ何年か「田舎で生きてゆくのがいいよね」というムードがあったけれど、今回の震災で吹き飛んでしまった感がある。直後の3月16日に村上龍が「ニューヨーク・タイムズ」に寄稿した文章の中で、『自分の両親は九州にいるが、私はそこに避難するつもりはない』と表明したけれど、なぜ『私は長崎にかえる』と書いてくれなかったんだろう……と残念そうに語っていた。

どこに住もうが本人の勝手ではある。けど確かに社会資本の再配置は、住んでいる人間の絶対数に応じて進む。

たとえば彼が住んでいるこの地域には長いことブロードバンドのネット環境がなかったそうだ。大寺さんが住民署名を集め、陳情書を携えてねばり強く交渉をつづけたものの、NTTは採算性を理由に応じずADSLサービスもエリア外のまま。結局別のキャリアに応じてもらうことができたが、開通に至る交渉には8年を要したという。

住民の数が少ないため、県議会議員の定数2に対し候補者2名で選挙が行われなかったという、最近の状況も聞かせてくれた。

夜は、ある若い男性が鹿児島市の個人宅の一室でひらいている不思議な空間に連れて行ってもらった。美味しいコーヒーをいただけるのだけど、カフェではなく代金も求められない。茶菓子的な一品をなにか持ち寄って、それを一緒に楽しむ。紹介ベースで人を迎え入れている私的サロンというか、部室風囲炉《いろ》裏端《りばた》というか。こういう名づけがたい空間が存在すること自体

「田舎では『住み続けられない』集落が増えている。少なからず、僕もそうした不安の中にいます。『ふるさと納税』という制度もありますが、やはり『人』がいないと始まらない」（大寺聡「昼間、お父さんが家にいるということ」）鹿児島のフリーペーパー「Judd.」より

が文化的だな、と嬉しく思う。

彼は鹿児島生まれ。この街で暮らしてゆくことの良さを訊ねると、「大都市のように商品が揃っていないので、探さないと見つからないし、手に入らないものもある。けど探す時も使う時も、自分で工夫しなければならないことが多いのが僕は楽しいです」と答えてくれた。

Kさんをはじめ、この部屋の常連とおぼしき友人のAさんもすっかり寛《くつろ》いでいる。僕も妻も。豊かさって、それぞれの体験や想いを分かち合える、こんな時間があることを指すんじゃないかな。少なくともこれはお金では買いようがない。

そうか。東京を離れれば離れるほど「商品」が少なくなるのかも。そんなことを思いながら、瞼《まぶた》が重くなるまで楽しい一晩をすごした。


翌朝、東京から来た仲間と合流。朝のフェリーで錦江湾《きんこうわん》を出て、屋久島へ向かう。桜島が噴煙《ふんえん》をあげていた。

2011年5月28日

星川 淳さん「生物的な直感知や本能は大事にしたほうがいい」

屋久島はその中心部に、九州地方でもっとも高い宮之浦岳《みやのうらだけ》(1936m)を抱く。海岸付近には亜熱帯性の植物相があり、山奥の高地には日本最南端の高層湿原・花之江河《はなのえごう》がある。山頂の気温は北海道のそれと同じ。海を渡ってくる気団は山にあたり、上昇して雲となって大量の雨を落とす。その大半はあっという間に海に流れ出る。

南北に長い日本列島を縦方向に圧縮した、高密度なジオラマのような島だ。

その南側、尾之間《おのあいだ》の山側の斜面に年上の友人がワークショップ用の別荘を持っていて、十数名の参加者と3泊4日の時間を過ごそうとしている。

　別荘のすぐ近くに作家の星川淳《ほしかわじゅん》さんが住んでいる。星川さんは約30年前に屋久島に移住。エコロジカルな暮らしの実践とそれに根ざした著作活動を重ねながら、さまざまな社会運動にかかわってきた。

　九州芸術工科大学を中退。インドやアメリカを経て1982年に屋久島へ。屋久島での暮らしは、パートナーと当時4歳の子どもの3人家族で、生活費・月5万円くらいから始まったという。一時は米も野菜もつくり、自給率は最高7割ほどに達したそうだ。生まれは東京。都心部の小中高に通った元都会っ子である。

「一つの場所に留まることで、季節を含む自然が移ろうあり様をじっくり見てきた。エコロジーをめぐって書いたり発言してきたけれど、自然の恐さも、美しさも、素晴らしさも、奥深さも、本当の意味で体験したのはここが初めてです」

翌日、ワークショップの参加者が関西や関東から集まってきた。と同時に、南から大型の台風2号が近づいてきていた。直撃の恐れがある台風は久しぶりだという。山の上の湿原へ歩きに行く予定は当然のように変更。次第に強くなる風雨を感じながら別荘で1日を過ごす。

その夜、雨合羽《あまがっぱ》を着た星川さんが、みんなの様子を見がてら会いに来てくれた。急遽《きゅうきょ》オープン・インタビューの時間を持つことに。テーマは「どこで生きる？」。

「いのちの一端をつなぐことに賭けるんじゃないかな」

星川　今日は雨戸をはりつけたり、台風をむかえる準備をしていました。屋外の作業を一通り終えてから、ネットである女性の発言を読んだ。

彼女は3・11に始まる一連の出来事について、「これは日本が初めて農耕的な定住型社会から、ジェンダーフリーな狩猟採集社会に移るきっかけになるんじゃないか」という意味のこと

を書いていました。

――性差にとらわれない、狩猟採集型の社会？

星川　ええ。昔に戻るということではなく、スパイラルを上りながら、定住型の農耕から新しい狩猟採集的な社会に移行してゆく一つのきっかけではないかと。

　僕も前々から、「日本人の心根は実態として稲作農耕民のそれで、誰もが稲作をしているわけではもうないけれど、精神のDNAには、村社会的な感性からなかなか出られないところがある」と観察していました。

で、彼女が言うには、いま放射能への危機感をめぐって福島を中心とする夫婦家族の中に、子どもを守りたい女の人たちと、「いや仕事があるから」「なにがあるから」といって動こうとしない男たちの葛藤が大きく広がっていると。

　それで「敬意を持って別居婚に移れ」と書いていた。子ども

星川淳
1952年東京生まれ、作家・翻訳家。1982年より屋久島に定住し、人間と自然のより良い関係を一貫したテーマに、エコロジカルな暮らしの実践と著作活動を深める。2005〜2010年まで国際環境NGOグリーンピース・ジャパン事務局長。現在、一般社団法人act beyond trust事務局長。著書に『魂の民主主義』（築地書館）、

を守りたかったら、そこは喧嘩別れでなく、相手を尊重しながらそういう形に入ってみてはどう？　という提案だった。「別れずに、会える時に会うのはどうか」と。

　僕は納得するところがあります。今日は皆さんに具体的な提案ができるわけではない。けれどたぶんこれからは、一連の災害から来る必要性も含めて、今まで以上に、多くの人の人生における土地の縛りが緩くなるんじゃないか。


　僕らは仕事や関係性において、まだかなり農耕民的に縛られていると思う。自分自身を含めて。「お前そうは言うけど、生活は大丈夫か？」とか。

　そこからもう少し狩猟採集的、あるいは遊牧民的に動いても大丈夫というか、切り拓いていくパターンが増える。誰もができないにしても、増えていく気がしているんです。

――もしまだ星川さんが若くて。たとえば20代、あるいは30代前半の在東京人だったとして。3月11日の事故が起こり、それ

『屋久島の時間《とき》』（工作舎）、『星の航海師』（幻冬舎）。訳書に『一万年の旅路』（翔泳社）、『暴走する文明』（NHK出版）、『アメリカ建国とイロコイ民主制』（みすず書房）ほか多数。

に追随するいろいろな社会の動きがあった時、自分の住む場所を再検討しますか？

星川　するでしょうね。すぐ国外に出てるんじゃないかと思います。けっこう薄情なんです（笑）。

とくにまだ若く、将来子どもを持つとかそういうことも考えれば、線量が低いほうがいいのは当たり前なので少なくとも西へ移るし、こういう腐った、嘘にまみれた原子力をめぐる状況にもし今回初めて気づいたとしたら「とんでもないな」と、「こんな腐ったところにはいられねえよ」という感じになったと思いますね。

なぜ確信を持って言えるかというと、僕は一度そうやって実際に脱出した人間なんです。この国の教育制度や日本社会から。

背景を少しお話しすると、僕は小学校高学年の頃からＳＦにのめり込んで、『渚にて』をはじめとする「核戦争後の世界」を描いた作品などにどっぷり浸かりながら思春期を過ごしまし

『渚にて』（１９５７）
On the Beach（ネビル・シュート、１９５７年）。第三次世界大戦による放射能汚染で、北半球が全滅した世界を描いたＳＦ作品。

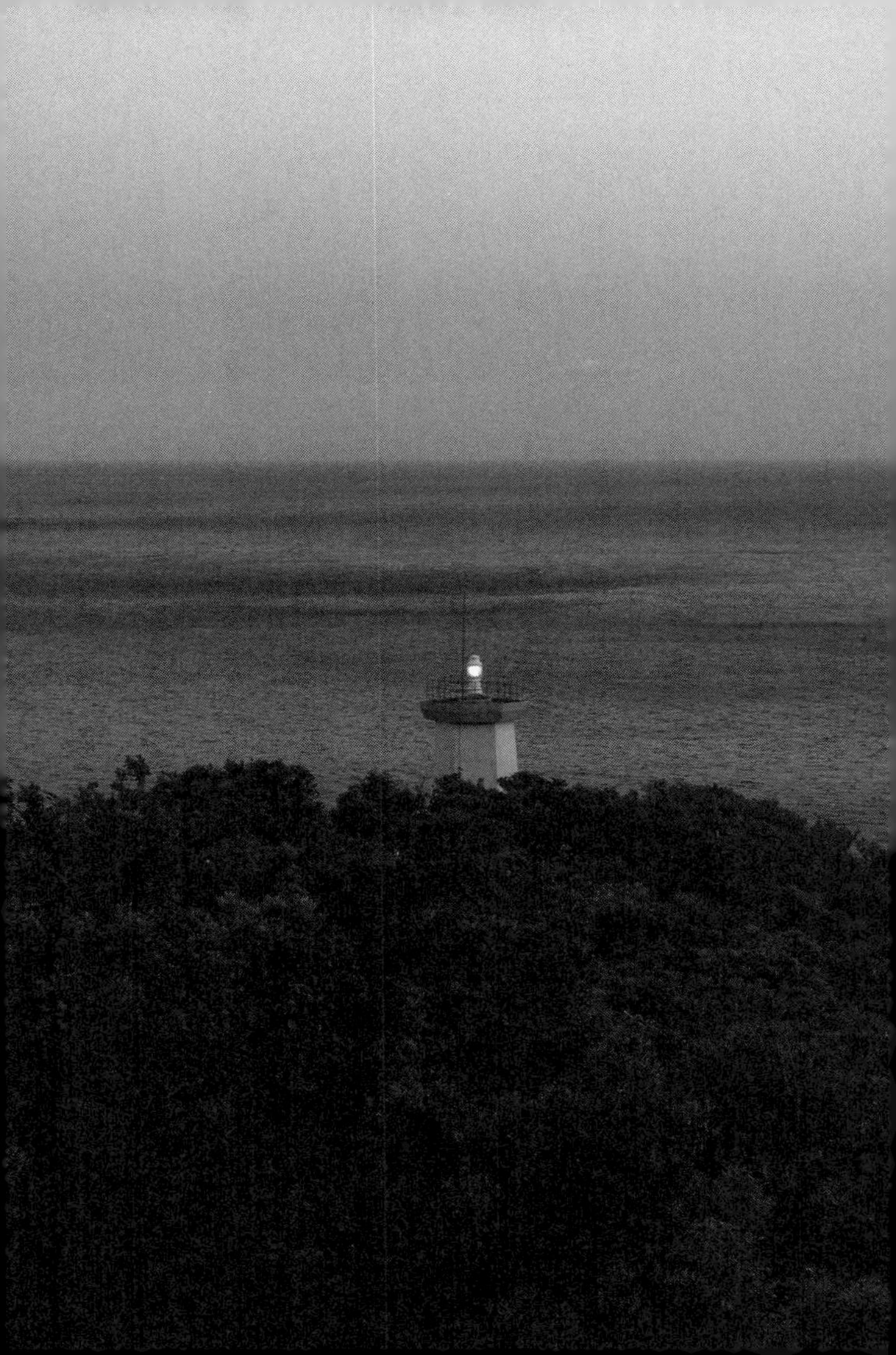

た。同時に、その頃は冷戦の真っ只中で、米ソの核ミサイルが何万発も向きあって、いつどちらがボタンを押すかわからない状況にあった。

創刊された「少年マガジン」や「少年サンデー」にも核戦争の特集が載っていて、純粋なものだからまともに信じこんで。ジェット機の轟音《ごうおん》が聞こえてくると「あれはソ連の核ミサイルが東京に落ちてくる音だ」と思って「次の瞬間僕は溶けていなくなって死んじゃう」と観念するような…自分では〝瞬間戦〟を生き延びた世代だと考えています。

で、それが続くと、やっぱりこれは正常じゃないと感じるようになる。「こんな状況の中で生きるのはおかしい、こういう恐怖のない世界をつくりたい」というのが、僕の中では自然と大きな動機になっていった。

「今のこの文化、文明、現代的な社会のあり方は絶対に長くはつづかない。自分は持続可能な世界をつくるほうに人生を賭けたい」ということを、高校生くらいで固く決意していたんです。

――もし国外に出るとしたら、星川さんならどこへ？

星川　今だったら南半球でしょうね。オーストラリアやニュージーランドとか、アジアのどこか。北半球の大気ができるかぎり循環しない側へ。

――安全な環境に身を置くことが大事だとお考えですか？

星川　ええ。自分でも、逃げるのは薄情だと感じる部分がある半面、やっぱり生物的な直感知や本能は大事にしたほうがいいと思うんです。

今回も「大人は汚染されたものを食べて、子どもは安全に」と説く人がいますよね。正論なのであまり反論できないけれど、現代社会は既にたくさんの汚染物質にまみれていて、発癌性物質だけでも臨界点に近い状況にある。そこにさらにすごい量の放射能が加わるのは、生命体にとって極めて危険なことだと思います。

それを頭で考えて「大人はもう先が長くないから、食べることで産地を支えて……」という話はわかるけれど、自分の生命知ではやっぱりナシですね。「はっきり有害なものは、なるべく体内に入れない」というのが生命の声でしょう。

僕はそれを大事にしたいと思うし、また、たくさんの人がそうすることによってなにか違う世界が開けていくと思うんです。理詰《りづ》めの善行《ぜんこう》を否定はしないけど、深いところでは直感的な生命の知を大事にしないと鈍ると思う。そこを圧《お》し殺して生きているんですよ、日本人はとくに。いろんな社会の圧力で。

でも生命知は「使い」「尊重すること」によってしか育ったり磨かれてゆかない。僕が今もし若かったら、自分一人でも生きながらえて、いのちの一端をつなぐことに賭けるんじゃないかな。

——私たちの思考や、概念や観念が、その邪魔をしている？

星川　「おそれ」ですよね。日本人の場合。

——ＳＦを読んで育った元都会っ子の星川さんが、どんな機会を通じて、ご自身の生命知や、感覚的な判断力を育んできたんだろう。

「関係の断食」

星川　僕はもともと、眠っていたけど直感が強い人間だったのだと思います。さらに、日本社会の規定路線から外れた時に「違う文化・文明をつくる」運動に身を投じ、70年代いっぱい足掛け５、６年ほど、瞑想《めいそう》を教えるインド人の先生のところに弟子入りしていた。

そこで、自分の心の動きをずっと観察するという訓練をしました。

カウンターカルチャー（対抗文化）と呼ばれる、既存の主流の体制的な文化に対抗する運動などを指しているものと思われる。

僕らは大人になると大抵は、社会的に条件付けられた心の動きにほぼすべて乗っかりながらいろんなことを考え、判断しています。

が、そこからちょっと外れて客観的に観察する。観ているということを一種のトレーニングとして続けると、社会的な条件付けによる心の動きがすべてではないことがわかる。場合によっては、一番価値のあるものではないということがなんとなくわかるようになる。

そしてもっと奥深い自分の中の動機や衝動、感覚が磨かれるというか、だんだん育っていく。もともとあるものだと思いますが、違う軸を持つことができるようになるんです。

もう一つ、大きな自然とのかかわりというか、本当の意味でワイルドな自然を知ったことも大きいと思う。

インドの後「精神世界の旅はもう十分かな」と思ってアメリカへ移りました。サンフランシスコから4、5時間離れた、西部劇に出てくるような小さな街からもさらに20㎞ほど山の中に入った丘陵地。電気、水道、ガス、電話などライフライン的なものは一切来てない。そこに緩やかなコミュニティがあって、10～20人ぐらいの人間が互いに1㎞ぐらい離れて共同生活していた。

森の倒木から得た薪《まき》を焚《た》いて、灯りは石油ランプです。100ドルずつ出し合って、月に1度か2度、基本的な食料などを買いに街へ下りていく。まとめて置いておく貯蔵庫があって、好きな時に行って好きなだけ持ってきて暮らす。「ただ生きていく」ことを学ぶ場所だった。

夏は45度にもなる灼熱《しゃくねつ》、冬には2、3m雪が積もって閉ざされるようなところで、手で伐《き》ってきた薪や枯れ木だけで煮炊きや暖房をしながら自然の営みを見聞きし感じていると、他にないもしてないので、自然の声、というか息吹《いぶき》をびんびん感じることになる。

普通に日本で生まれて、都会で暮らしているのとは違う感性が育ってくるんです。

たとえば日本人で都会に育ったら、ほぼ100%、人間社会の人為《じんい》や作為の中で生きています。仕事も学業も。そこから完全に離れて情報を断つ……というか「関係の断食」ですね。日本人はいつも人との関係の中で動いたり考えたりしているわけだけど、そういう関係性がない状態の自分はどういう人間なのか？　山の中にいて、さらに一月《ひとつき》くらい誰とも会わない状況を積極的につくってみた。

当時、僕は一度結婚をしたけど死に別れていて独り身でした。そういう時間を一人でじっくり過ごすという素晴らしい体験をすることができて、自然からいろいろなものを感受する感覚を体得した。

人は生かし生かされるものだし、人間関係を全部否定するのはおかしい。けれど、それがすべてではないという意味でバランスがとれたと思います。

「個の深化と全体の調和を両立させる」

——その後どうして屋久島に？

星川　アメリカで知り合った現在の妻が「日本に帰る」と。僕はこの社会が窮屈で好きじゃなかったし、アメリカの永住権も持っていたんですけど、彼女が「子どもは日本語で、日本の四季の中で、日本の食べ物で育てたい」というので嫌々《いやいや》帰ってきたんですよ（笑）。

妻も、僕と出会う前に国内でかなり自然な暮らしをしていて、長野の伊那谷《いなだに》の山奥に田畑のある古い日本家屋を持っていた。そこへいったん帰ったんです。

しかし、冬は卵が凍って割れないように冷蔵庫に入れておく必要があるほど寒い。これから歳もとるし、エネルギーが危機的な状況に入ってゆくこともある程度見通せたので、なるべく

伊那谷
長野県南部、天竜川に沿って南北に伸びる、二つの山脈に挟まれた広い盆地。

エネルギーを使わずに暮らせる南のほうへ行ってみようと。彼女が若い頃に通っていた八重山諸島のほうから見てきて、最後に屋久島に決めました。

屋久島には適度な懐《ふところ》の深さがあった。もっと小さな島だと人間社会も小さいし生態系の収容能力も小さくて、いろいろ縛られたり、身を置くことが迷惑になったりする。安心できるやり方で食べ物を育てたいと思っていたけれど、作物も限られてしまったりします。

でもここならあまり目立たずに入れるし、だいたいの作物は栽培できて、自然も奥深い。まあ直感で決めた。

最初は以前からの知人のつてで、家を建てさせてもらえる土地があると聞いて、そこを借り、自分で間伐《かんばつ》した杉を運んで丸太小屋を建てて住み始めたのがスタートです。

——29年を経て、どうでしたか？

星川　僕らのような、枠からはみ出しがちな人間を許容してくれた島の社会にも、屋久島の自然にも感謝しています。

僕はここで、アジア・モンスーン地帯に属する日本の自然、そして大きく言えば地球の自然の縮図に触れ、その中で生きることができました。自然にはいろいろな面があって、本当に人間の命を奪うところもありますから甘くはない。そういう緊張感を持って自然と接しなくなったことが、人間と自然、人間と人間の関係のさまざまなところがおかしくなってしまった原因の一つだと僕は思う。

いま台風が近づいていますね。僕も屋久島へ来て、初めて南のすさまじい台風を体験したんです。最初の頃は東京育ちの非常に甘い考えで、家を建てても雨戸もつけずにいて、間一髪で死ぬかというような体験をしました。小屋も3つくらい飛ばされた（笑）。

定住して自分が動かなくなると、動くものが見えてきます。自然の季節の移ろいであり、渡るものたちです。

鳥や、植物の開花の前線が渡っていく。そういう「渡るもの」を、驚きとともに新鮮な目で見ました。代表格の一つはサシバという小型のワシタカ科猛禽《もうきん》類です。このすぐ後ろに大きな岩山があって、海からの上昇気流が手前で巻いている。そのために、わが家の真上に鷹柱《たかばしら》と呼ばれるものが出現します。ときには100羽以上のサシバが、滑空《かっくう》しながら上昇気流に乗ってゆっくり上がっていくわけですよ。それはものすごく天上的な光景で、もう点になって見えないほど上に昇ったものから順番に滑空して次の場所へ向かう。真下からそれを眺める時間は、僕のここでのもっとも鳥肌の立つ体験です。

地球の大きな自然の営みの発現というか、顕《あら》われとしての屋久島に僕は強いつながりを感じます。他にも好きな場所はあるけれど、僕にとって屋久島は原郷ですね。いろいろなものを見たり聞いたり、考えたり、書いたりする時の魂の参照枠になっています。

——鹿児島の川内《せんだい》に原子炉がありますね。

星川　１５０㎞くらいかな。もしあそこで事故が発生すれば、ここにも危険はおよぶでしょう。日本はどこにいてもそのことから逃れられない。僕らはもう歳だから、自分たち自身の生き死にには大きくかかわらないかもしれないけど、なにかあったら、子どもや孫には「ここにはいるな」と言うと思います。でももっと大きいのは、それをめぐる社会のあり方です。原子炉が事故を起こすかどうかということより、原子力発電というものを許してきた日本社会の病理のほうが問題として深い。

僕は個人の精神的な深化にも、社会を改善してゆく活動にも、両方にかかわって生きてきた。

これは一見相反することのように見えるかもしれません。けれど個の深化と全体の調和を両立させる文化は、世界を見てゆくと存在するんですよ。たとえばアメリカ先住民の一種族であるイロコイ人の民主制とか。

イロコイ人の民主制
アメリカ大陸に白人が到来する前から独自の平和な母権社会を営んできた、イロコイ連邦と呼ばれる部族連合の社会制度。合州国憲法制定において、フランクリンやジェファーソンはその自治理論を積極的に取り入れた。星川さんの著作、『魂の民主主義―北米先住民・アメリカ建国・日本国憲法』（築地書館）に詳しい。

伝統的な先住民文化は個と全体をけっこう両立させています。両方を大事にしながら、そこそこ公平公正な話し合いで進めてゆく方法は十分ありうる。そういうモデルを僕らは知らないだけです。

日本的な農耕社会は集団に重きを置いている。なんとなくまとまっているのが善で、和を乱すことは悪とみなされやすい。それが生存の道だったんですね。みんなと同じことをするのが、生きてゆく方法だった。はじき出されると、ほぼ死につながる。良し悪しはともかく僕らの先祖はそうやってきたんです。その意味で、そもそも日本人は基本的に危機対応が苦手なのかもしれない。ずっと我慢して過ごしてきたんだから。我慢が唯一の危機管理だった(笑)。

ただこれまでそんな感じで「動かずに張り付いている」モードだった日本人が、少しそこが緩んで「動く」モードに入っている。

たぶんその中にいろいろな学びがあるんだろう。動いてゆく中で、日本人のアイデンティティや生き方がかなり変質していく時代に入ったんじゃないでしょうか?

そして日本列島民である我々がいろいろな場所で、もう一度どれだけ深くそこに根ざして生きてゆけるようになるかということが、たぶん生存にもかかわるだろうし、創造的に生きてゆくことの実践になるのだろうと思いますね。

3 あとがきにかえて

お金が要る、という重力

僕が初めて「重力異常図」を見たのは15年ほど前。地震をテーマにしたプロジェクトで知り合った地球物理学者が見せてくれた。

人間の体感では知覚できない、計測器が捉える僅《わず》かな差分を視覚化した日本地図。一様に等しいと思っていた「重力」が、決してそうではないという事実に驚いた。

以後この地図は「地球の重力」というモチーフを超えて、この社会の経済的なそれ。人の心の動きや行動を規定し、高いところから低いところへその移動を自然と促す、環境に偏在する力。ありていに言えば「生きてゆくためにお金が要る度合い」というモチーフと合体して、頭の中にまた別の重力地図を描くようになった。

「生きてゆくために〝お金〟が要る度合い」は、都市に近づく

重力異常図
1974年以降、全国で行われた重力測定のデータを視覚化した重力分布地図。東京大学出版会などから発行されている。

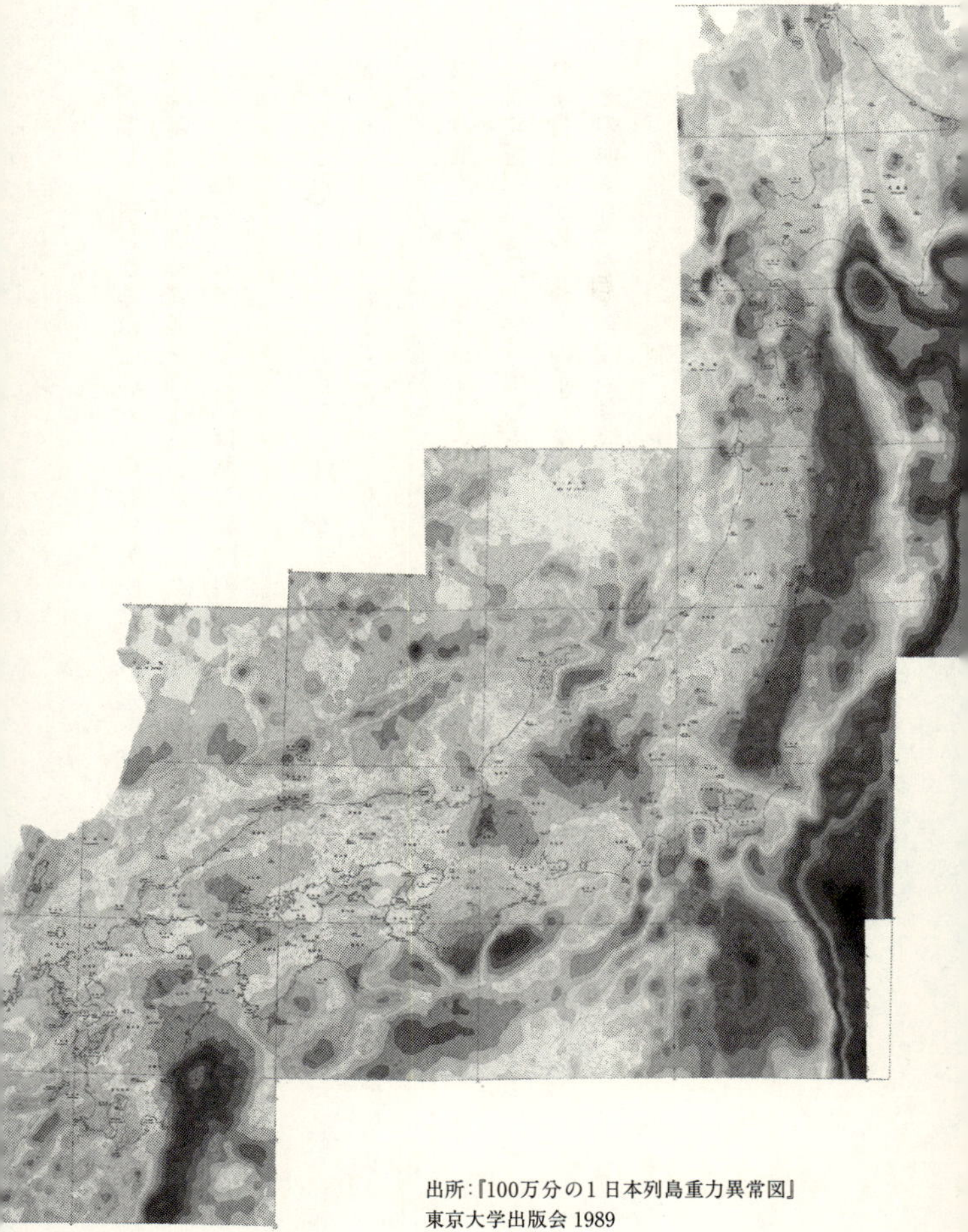

出所:『100万分の1 日本列島重力異常図』
東京大学出版会 1989

ほど強く、遠ざかるほど弱い。生存に欠かせない水・食料・衛生環境などの環境資源を都市はシステムとして構築・提供していて、それらへのアクセスにはある程度のお金が要る。

しかし遠ざかればその重力は弱くなる。田舎のお爺ちゃんお婆ちゃんは、口を揃えて「昔はこんなにお金を使わなかった」と言う。別のシステムを持っていたし、互いの価値交換もお金以外の媒体を通じて行われていたわけだ。

都市部には地価という係数もあって、さまざまなコストがそれを含みながら、お金の重力をさらに強くしている。

その他にも、たとえば寒冷地ではエネルギーコストが高くつくし、それは食材の生産コストにも含まれる。局所的な公害に端を発する病気や風土病の類も、医療コストという形でその地図に変化を与える。

こうしたあらゆるコスト要素を掛け合わせて「生きてゆくためにお金が要る度合い」を視覚化した日本地図のイメージが、

長らく頭の中にある。その重力分布図では、国内だとたぶん高知や宮崎や沖縄の一部で重力がもっとも弱く、生きてゆくためにお金の要る度合いが低いことを示すんじゃないか。

だからといってそこで暮らしたいか？　生きてゆきたいか？　というのは別の話だし、今回の原発事故によって地図はさらに複雑なものになった。

人間が無理のない暮らしを営んでゆくためのデザイン体系としてパーマカルチャーと呼ばれるものがあり、その基本原則の一つに、〝生きてゆく上で欠かせない重要な資源の確保を特定のチャンネルに依存しない〟という考え方がある。

たとえば水なら、上水道システムだけでなく、地下水や、雨水のような水資源からも得られる仕組みを用意するなど、複数のチャンネルを持つことで自立性を高め、ひいては自立的で自由なあり方の実現を目指す。

「生活のためには働かなければならない」という言葉をあたり

パーマカルチャー
永続的（permanent）で農的（agriculture）な暮らしを実装するための生活技術体系。オーストラリアのビル・モリソン等が１９７０年代に提唱、93年に書籍にまとめられた。住まいを中心にした柔らかな環境工学で、日本の伝統的な農山村の住居や生活文化と重なる部分が大きい。

前のように口にする人がやや多すぎる気がするのだけど、もしそれが「お金が要る」というだけの話なら、とりあえず該当する重力が強い場所を避けることはできる。くり返しになるがその分布は決して一様ではないし、社会的につくり出されている側面も大きいので。

あたかもそれを、自然の摂理のように受け入れて生きてゆく必要はないだろう。

発展途上国と呼ばれる国々、中でも赤道に近い南の国がわかりやすいが、そのような地域では、都市に近づくほど暮らしの貧しさが、離れるほど豊かさが目に見えて感じられる。都市部ではあるゲームへの参戦が強《し》いられていて、手持ちのチップが少なかったり、ルールもよくわからないまま、一方的に負かされている人が多いように思う。同じ構造が日本の中にもある。

四国経済産業局
全国9カ所に設置されている経済産業省の地方ブロック機関として、四国4県（徳島県・香川県・愛媛県・高知県）を管轄。香川県高松市にある。

どこで？ どんなふうに？

2010年に四国経済産業局との仕事で、四国という地方を取り扱う小さな本をつくった。『「四国らしさ」ってなんだろう？ノート』というこの冊子は、高松に拠点を持つ四国経済産業局企画課のスタッフとの3年ほどの交流の中から生まれた。

最初に受けた相談は、意訳するとこういうものだった。

「地方の経産局の仕事の大半は、霞が関がつくった経済振興策のローカライズ。〝地域の特性や文化を活かして〟という言葉は付くが、要は同じことを求められがちだ。取り柄を活かして〝経済成長しなさい〟ということを。

しかし結果や成果について東京のそれを測るモノサシをあてているかぎり、四国も関西もどこもかしこも、いつまでも『東京ほどではない』一地方にすぎない。

たとえば四国には四国の良さがあり、それを伸ばしてゆきた

「四国らしさ」ってなんだろう？ノート（2010）
統計などに見る四国のポジションや、他の国々や地域で生まれ育った人々の暮らしや仕事の話を収集。四国経産局のウェブサイトでPDF版を公開している他、冊子版の配布も行われている。
企画：西村佳哲、編集：ビオピオ、デザイン：根本真路

いのなら、私たちは東京と違うモノサシや道しるべを手に入れる必要があるんじゃないか？ それを一緒に模索してもらえないか」

「いい視点だな」と共感。他2〜3名のメンバーとかかわらせていただくことになった。

いつまでも「東京ほどでないどこか」であるのは疲れる話だと思うし、旅先として楽しみたい側にも退屈な経験しか与えない。そもそも地域内で循環するお金の量とスピードが桁違いなのだから、下手に東京のキャッチアップを試みると代謝の遅い社会資産（最たるものは建築物）を増やしてしまい、ますます引き離されるし古くさくなる。

多くの地方自治体や官庁の地方機関が、たいていは東京在住の文化人や有識者をブレーンに招き、その地方の今後の方向性を言葉にし、広域計画や経済スキームにまとめて発表する。しかしとくに強制力は持たないし、制度改革のように具体的な社会のツマミをいじるわけではないので、結果として能書きで終わる。

先の四国経済産業局のアプローチも、仮にいいモノサシを考えたところでブータンの王室が示した「国民総幸福量（GNH）」のようなガイドラインとしての上位性もないまま、能書きに終わる可能性は高い。ので、少なくとも能書きはつくらないように気をつけた。

四国をどうしようとか、こんな方向へ向かって行きましょうといったことは一切示さずに、四国内4県の各地域で頑張り始めている若者たちと、四国に興味を持っている（場合によって移住する可能性もある）若者たちが、互いの関心事や状況を素直に交わし合える場づくりを、勉強会やフォーラムの形で試みた。

併行して形にしたのがこの『「四国らしさ」ってなんだろう？ノート』だ。ここにも「四国の良さはこれだ」とか「こう

ブータンの「国民総幸福量（GNH）」
1972年にブータン国王が提唱した「国民全体の幸福度」を示す尺度。経済的な豊かさより精神的な豊かさを重視。90年代以降の急激な国際化を背景に、国家レベルで共有が試みられた価値観。

誰かが訪ねてきたらお酒とごちそうをふるまって、みんなでお祝いをします。それをずっとやってる。

おばあちゃんたちとは別々で暮らす方が多いですね。休みの日にお互いの家を遊びに行ったり来たりすることの方が多い。スコットランドは土地が広いから家をたくさん建てられるせいかな。

男性（30歳・コンサルタント）
日本在住6年

一番大切なもの。心から100%信頼できるものは家族しかない。16歳で実家を出てしまう人もいるし、56歳になっても実家にいる人もいたり、いろんな人がいるね。でも一般的に30歳を超えても実家にいる人はちょっと問題あり（笑）。

日本のように、面倒を見るために親と一緒に暮らすという文化は全くない。遊びに行ったりはもちろんするけどね。むしろ親自身が、子どもは親の面倒を見るべきではないし、子どもに自分の面倒を見てもらうくらいだったら死んだ方がましだと思っている。プライドが高いんだろうね。

台湾

男性（26歳・大学院生）
日本在住1年

地域によって違うけど、台北は「生活するためにあるもの」という印象が強い。若者は、まずは偉くなりたいという気持ちがある。僕の知人の中には台北に出てから一度も実家に帰ってない人もいるよ。

それとは別に台南や田舎の方では家族という意識は強いね。おばあちゃん、おじいちゃんとも一緒に暮らすし、とても大切。自分の中心にいつもある感じ。

親元から独立するのは、高校に入るタイミングがほとんど。みんなまずはいい高校に入るのが大事だから、台北とかそのほかの都市の高校に行くんだ。ちなみに、僕は卓球で選抜されて小学校5年から親元から離れていたよ。

男性（31歳・ウェブデザイナー）
日本在住1年

大切なもの。宝物。

「もし家の中に老人がいたら、それは宝物だと思いなさい」という言葉があるくらいお年寄りを大事にしようという気持ちが強い。

僕は今、台北にひとり暮らしだけど、週末には家に帰って家族とのんびり過ごします。台北の近くに両親が住んでいる人は僕のように週末を過ごす人が多いんじゃないかな。もともと台北生まれの人は、成人してもずっと実家に暮らしてる人が多いと思う。やっぱり僕も将来的には両親と一緒に暮らしたい。

北東北地方

女性（36歳・NGOスタッフ）

私の世代は20代前半で結婚するのが一般的でした。両親が焦って毎年お見合い話をもってきましたね。結婚＝子供＝家、は方程式（笑）。私は東京にいますが、妹はいつか青森に戻ります。親は必ず子どものひとりを傍においておきたいと思っていますね。

結婚は「家」と「家」同士。父親同士は仲良しとか、蔵を持っているとか、何世代続く家柄だとか、そういうのも条件になる。名を汚せないから離婚もできない。

外に出た私にとってはしがらみに思えますが、中の人にとっては無理しているわけではないと思います。

男性（31歳・クリエイティブディレクター）

充電する場所という感じでしょうか。例えばうちの場合、「いつでも帰ってきていいよ」と母親が言ってくれる。父親は「背中を見ろ」って感じですが（笑）。両親としては一緒にいたいという気持ちもあるでしょうけど、弟が地元に残ってくれたので、僕は地元に戻っちゃいけない気がしています。

今度上海で仕事をするんですが、地域から世界のことまで見られる人はそんなに地元出身の仲間には居ない。だから僕にはその役目があるんだろうと思っています。東京に出てきた北東北の人は、そういう気持ちが共通しているかもしれません。

家族ってどんなものですか？

オレゴン州

男性（31歳・会社員）
日本在住6年

18歳になったら独立して、両親と離れて住む。独立しないことはオレゴンでは恥だよ。もちろん、クリスマスとか誕生日には集まるし、電話もよくするけどね。

オレゴンは電車がないから、16歳になるとだいたい車を買ってもらえる。それで友達や彼女といろんなところを見に行くんだよ。友人は20代中ごろにほとんど結婚してるね。半分くらいのカップルは離婚しているけど。子供には趣味が持てるようにスポーツとか楽器とかいろいろトライさせるよ。

男性（39歳・コンサルタント）
日本在住18年

最近は「ファミリーバリューズ」という言葉が注目されています。家族それぞれが持つ価値観という意味です。例えば環境意識の高い層は多様性やコミュニティを重視する。一方昔ながらの保守層は聖書の価値観を大切にする。離婚率もそれによって大きく違ってきます。

ここ1年で不景気からかパラサイトシングルも増え始めた。それは新しい傾向です。また「環境負荷が増えるから」という理由で子どもの数は1～2人にするという人も増えています。

コスタリカ共和国

女性（30歳・公務員）
日本在住26年

なによりも家族が中心です。クリスマスや新年などの祝日は、家族で集まります。コスタリカに帰るのは本当にウキウキしますよ！ 日本のような嫁と姑のいざこざみたいなことはまったくなくて、友達みたいに仲良しです。

ただ私もそうなのですが、最近はシングルマザーも増えています。私は18歳の時に子供を産みました。最近の若い世代は大学に進学して勉強を続ける人と結婚して子どもをつくる人、大きくふたつにわかかれてきたように感じています。

シチリア州

男性（40歳・シェフ）
日本在住10年

大事なもの。仕事をしっかりしてから結婚しようという気持ちが強いと思う。奥さんは仕事をやめて家のことをきっちりやるのが普通だから。

うちのパパは親戚が集まれるように、30人用のテーブルを作っていたよ。家族の絆はお父さんがいる時はまとまっているけど、亡くなるとバラバラになりやすい。

女性は結婚してもママのところにしょっちゅう会いに行って、一緒にご飯を食べたりするんだ。近くに住むことが多いし、すごく仲がいい。

ただジェラシーはよく焼くね。人に優しい反面、「他の人のことをもっと知りたい！」っていう気持ちも強い。それがたまにきついと思うときもあるよ。

女性（28歳・会社員）
日本在住2年

大切なものであり、甘えるものという感じ。家族はみんな仲がいいけど、特に女の子はお母さんとすごく仲がいいです。私がヴェネツィアの大学に行ってた時は、毎日電話で話していました。東京に住んでいる今はちょっと減りましたけど。

子どもは結婚するまで家を出ないのが普通。ひとり暮しをする習慣がありません。昔は結婚したあとも一緒に暮らしていたみたいだけど、今は一緒に暮らすというよりも近くに住む方が多いんじゃないかな。海外の大学に行ってしまった場合も、みんな夏休みにシチリアに戻ってきますね。夏は街に若者があふれます。

スコットランド

男性（44歳・コンサルタント）
日本在住19年

一番大事。間違いないでしょ。クリスマスは家族と過ごさなくちゃ！

そう言えばスコットランドはお正月がちょっと特別で「First Footing」というのがあります。年が明けるまで家にいて、0時を過ぎたら近所の家を一軒一軒「おめでとう」と言って町中をまわるんです。家の中で待っている人は、なろう、四国！」といった類のことは一切書かれていない。

前半には、世界における四国のポジションを共有する視覚情報を。そして後半には、四国に通じるところがある（と思われる）世界数カ所の地域を選び、そこで生まれ育った人たちに、彼らの家族観、仕事観、大切にしているもの・場所、未来への期待を語ってもらったミニインタビューを載せている。

手にとった人が読み進める中で、自分たちが「あたり前」だと思い込んでいたことが、よその地域では決して「あたり前ではない」こと。あるいは同じものを大切にしていることに気づく機会をつくることができれば、と考えて制作を進めた。

四国は4つの県でできていてそれぞれ気質が異なる。この4県人が集まると、いつも互いの違いを楽しそうに喋る。実際違うと思う。とくに瀬戸内海側の3県と、太平洋側の高知は大きく違う。

でも「四国」という単位で外の世界とコミュニケートしてゆくことは優位性にもつながりうるので、ここは一ついつまでも

「違う違う」話を咲かせず「四国らしさってなんだろう?」と語り合ってみてもほしい。そこで4県から1名ずつ若手に集まってもらい、冊子片手に語り合う一晩をもうけてみたのだが、例によって「ほんとに違うよねー」話で終わった(その記録も収録されている)。

「で、結論は?」と思う人は読まないほうがいい。それは当事者だと自覚する一人ひとりが、これから動いてゆく中で事後的に確認されてゆくのだから。

東北と九州の二つの旅をして、約10名の話に耳をかたむけてきたこの本にも同じようなところがある。みなさんは、これからどこで、どんなふうに生きてゆきますか?

生きてゆこうか?

僕自身には今回のひと筆描きのようなインタビュー行で、その執筆作業を通じていくつかはっきりしたことがあり、あらたに確認できたこともあった。が、それはあくまで自分と妻、そして仲間たちがこれからどうしてゆこう? いけるか? というプライベートな話だし、書くより実践を通じて共有を試みたい。一人ひとりが聞かせてくれた話を、最後に要約するつもりもない。

が、この本の起点はミシマ社の三島邦弘さんにあり、彼が抱いた「いま、地方で生きるということ」という関心にある。それが僕自身の「地方」という言葉をめぐるもやもや感や、東京以外の暮らしの場を探していた自分の「どこへ？」という求めと合わさってこのような形になった。

そこで最後に、草稿を読み終えた三島さんと交わしたミニインタビューを掲載してみようと思う。

2011年6月20日

三島邦弘さん

「自分たちの場所を自分たちでつくってゆくこと」

――ミシマ社は、3月15日に東京から京都へいったん動いたわけだけど、どうしてあの動きに至ったんですか?

三島　「動かなければいけない!」と思ったんですよね。

――その前日のブログで、「今は日常の仕事に集中する」と意を新たにしているじゃないですか。

三島　いやその通りなんですよ。本当にそう思って。3月14日の月曜のミーティングでも、僕はみんなに「もし自分が被災していたら、『いま働ける人は働いてほしい』と思うだろう」と

三島邦弘
1975年京都生まれ。ミシマ社代表。2006年10月に単身起業。「原点回帰の出版社」を掲げ、「地方発全国」という出版メディアのあり方を模索中。

言っていた。それは本当にそう思うんです。

でも翌日の火曜（震災から4日目）の朝、なーんか雰囲気が悪い。ミシマ社ではなく社会の様子が。仕事で電話をかけても「自宅待機です」という返答ばかりだし、誰も彼もみんな浮き足だっていて、「仕事している場合じゃない」と言う人までいる。その空気感が嫌で。


「ここ（東京）にいては結局やるべきことがちゃんとできない」「仕事にならない」「これでは仕方がないな」と思って。その日まずは一度、ミシマ社も自宅待機にしたんです。ただし「すぐ動くかもしれないから、各自帰って準備しておいて」と伝えて。

で、「これはもう普通に地に足つけて働ける場所へ自分たちのほうから動いたほうがいい」「〝不安な空気づくり〟にかかわったところで、全体にとってなにもいいことないな。関西へ動こう！」と思って、すぐまたみんなに連絡して、その日のうちに出発した。

——何人で行ったんですか？

三島　個人的な事情（友人の結婚式）で残ったり、実家に寄ってから個人で来た人も2人ほどいたけど、基本的に全員。ミシマ社カーで5人。

あとスタッフの星野は「ミシマ社で関西へ動く」と家で伝えたらお父さんが「俺も行く」と言い出して。星野家は家族4人、別の車で一緒に高速を走りました（笑）。

しかし執筆にあたって、西村さんがこんなに無理を感じていたとは……（まえがきを読んで）。僕はあの日すごくいいミーティングができた！と思いながら帰って。時間はかかるかもしれないけど、ご本人もちょうどこのテーマに取り組まれるタイミングだったんだなあと思ったのですが。

——結果的にそうだし、たぶんそうです。三島さん自身は「いま、地方で生きるということ」というテーマをいつ頃から抱いていたんですか？

三島　西村さんとこの件で最初にお会いした昨年8月の数カ月前です。テーマ自体はもっと前からぼんやり考えていた。西村さんと本がつくれたらな、ということも前から考えていて。「そうだ！」と二つが合わさったのがその頃。

東京以外の場所で働いて・生きてゆくということについて、自分がしっくり来るものがどうもなかったんですよね。

――いろいろ読んではみたものの？

三島　いや読んでないんですけど、ない気がして（笑）。

本ということではなく気になっていたのは、たとえば地方に、とくに東京から移り住んだ人の多くが、「東京」対「地方」のような二項対立的な価値観の中で、良さであったり課題を語ることが多い気がしていて。そこに違和感があった。

別に東京を引き合いに出さなくてもいいんじゃないか。どっちがいいとか、これからはどっちだといった話ではないものが沢山あるんじゃないか。中間的な場所も多いわけだし。そのあたりのことを拾えないものかなと思っていたんです。

僕自身はこれまで、東京で働くのは面白いけれど、暮らすことには魅力を感じることが少なかった。僕にとっては地方というか自然に近い場所にいる時のほうが、自分の感覚がビビッドで力も湧いてくる。しかしいろんなものが東京を中心に回っていて、中には惰性《だせい》で回ってしまっているものも多いんじゃないかなと思っていた。

でも3月11日の震災以降、東京もある意味、地方みたくなりましたね。虚構だった部分が剝げ落ちたというか。

——これまで東京が「地方」になるのは、お盆と正月の年に2回だったけど。

三島 東京をめぐる人々の感覚が変わった気がします。日本を引っ張っている感じが薄れたというか。震災が起こる前から、西日本のほうが実は元気で活力もあると思っていた。関西とか九州とか四国とか。で、今そっちへ移っていく人も多いですよね。これからますますそうなんじゃないかと思う。

でもそれって実は都会指向かも。活力をまちに求めて動くわけだから。

東京は少し可哀相ではあるけど、僕は今のほうが好きです。これまでのような「東京」という出来合いのお話に乗らずに、東京であれどこであれ、自分たちの場所を自分たちでつくってゆくことが本当に大事な時代が来ているんじゃないかな。「これしかない」と思えることを、自分たちでとことんやるのがいい。東京を気にせずに。そういう空気感が次第に強くなってきているなと思っていて、それを形にして読んでみたいと思ったんです。

謝辞

広瀬敏通さんをはじめ、RQ市民災害救援センターの活動に携わっているみなさん。柴田さんにひき合わせてくれた、佐藤哲さんと山口翠さん。ねおすの高木晴光さん。自然学校の研究論文を送ってくれた西村仁志さん。徳吉さんにつないでくださった宮田生美さんと尾内志帆さん。秋田の二人と出会うきっかけをくれた渡辺保史さんと、須田剛光さん。酒井さんや田北さんと出会う縁となった遠藤綾さんや目黒実さんたち。鹿児島の久保雄太さんとその仲間。しょうぶ学園の福森伸さん。屋久島でともにワークショップを手がけた中野民夫さんと、星川さんとの語らいをともにした参加者のみなさん。

四国経済産業局の方々と四国の友人たち。中でもとりわけ長谷部文子さんと大南信也さん。一連の仕事をともにしてきた紫牟田伸子、トム・ヴィンセント、松田朋春の各氏。執筆の悩み事をきいてくれた武田重昭さん。地図を送ってくれた古瀬慶博さん。

暮らしの中で一連の作業を支えてくれた西村たりほ。インタビューイのみなさん。大急ぎの本づくりに応えてくれたスープデザインの尾原史和さんと北野亜弓さん。ミシマ社の星野友里さんたちと、この本の生みの親である三島邦弘さんに感謝の気持ちをお伝えします。

文庫版あとがき

西村佳哲

『いま、地方で生きるということ』は冒頭にある顚末のとおり、ミシマ社の三島邦弘さんの力で生まれた本だ。僕がみずからこのテーマで書くことはなかったと思う。人に促されて初めてできる本づくりを味わう、貴重な機会となった。

執筆中は「ミシマ」というエンジンが搭載された感じで、書き進んでゆく自分に「えっ、こんなスピード出るんだ！」と驚いた。2～3カ月で一冊仕上げたのはあとにも先にもこの時だけである。額で風を切って進むような感覚があり、時期的に扱いの難しいテーマだったけれど、書くこと自体はとても楽しかった。

東日本大震災直後の、動く人と、動かない人が、くっきり分かれた情景の中で書かれた本だ。

読み返すと、日本社会が重いハンマーでガンッと叩かれた後の、ジーンとした痺れを思い出す。鼻の奥で錆びの味がするような。そして、その余韻が今も無くなってはいないことに気づく。

自分は東京生まれの東京育ちだが、大学生の頃から、「どこで暮らしてゆこう?」ということをよく考えていた。

引っ越す必要があったわけじゃない。なので理由はわからないし、今も不確かだけど、初めて訪れるまちに行けば「ここ、住めるかな」という目で家々を眺めている自分がいたし、東京に居たら居たで「早くどこか探さないと」とわけもなく焦っている。

これは家族以外の誰にも話したことのない気持ちで、そんな自分に恥ずかしさもあった。いわゆる「青い鳥」を揶揄する言葉を目にするたび「痛たたた」と感じながら、「でもこれ以上ここに居ても、物事が展開しない感じがするんだよなあ…」と次第に煮詰まっていたら三島さんが現れて、「〝いま、地方で生きるということ〟という本を書きませんか」と言う。

「なにそれ?」と思った直後に東日本大震災が生じ、また別の理由から、僕と妻は東京での暮らしが難しくなる。仮住まい的な短期移住を少し試した後、2014年から徳島の山あいに古い民家を借りて、家の手直しをしながら暮らし始めた。

最近はそこを拠点に、山あいのまちと、出張先と、東京の実家を行き来する2拠点居住的な日々をすごしている。タイトルになぞらえれば、だいぶ「いま、地方で生きている」人生になった。

僕は「自由」と「誇らしい気持ち」と、あと「やすらぎ」が欲しいんだな、と思う。

「自由」について少し書くと、山あいの町からときどき東京に来るようになって、この大きな街が、地方から訪れる人々にとても自由で解放的な気持ちを与えたし、今も与えているだろうことを想像するようになった。とくに、生まれた土地の不文律や、意味のわからない決まり事、干渉性、固定的な序列、人間関係にうんざりしていた人たちに。

個人として生きることができて、選択肢豊富な、都市空間のありようが。

でもその自由は実はかなり小さくて、ほとんどが個人消費の局面に限られていると思う。買い物の自由、お金を使うことの自由が最大化しているだけで、公園に木を植えることはできないし、生活環境の大半は、知らないところでつくられたものを与えられているだけ。モノも情報も豊富だけど、自分の生きる力については不安なままで、誇らしさを感じる機会も、やすらぎもない。

とまあ、そんなことを思いながら東京を離れたんだな。僕は。

与えられる側でなく〝つくる〟側にいたい。そんな自由を求めて、そんなふうに存在できそうな場所へ感覚的に動いたんだなあと思う。

あの日、三島さんが紙に書いてきた『いま、地方で生きるということ』という言葉の中心にあったのは「移住の本は売れる」という思惑ではなく、インタビューの最後で語っている「自分たちの場所を自分たちでつくってゆくことが本当に大事な時代が来ているんじゃないか」、という気持ちだろう。

彼がミシマ社を立ち上げた経緯や、生き様、雑誌『ちゃぶ台』など最近の出版物を見ていてさらにそう思う。

〝与えられた民主主義〟の嘘臭さや、〝与えられた範囲の自由〟の不自由さをこれ以上積み重ねたくなければ、それらとは違うなにかを具体的に積み重ねてゆくしかない。

その求めが、僕の場合は都市から山への転居になった（のかも。言い切るほどの勇ましさはないんですね）。同じような求めが、国外への転出になる人もいるだろうし、むしろ都市へ向かう人もいれば、プロジェクトや起業という形で試みる人もいるだろう。

大事なのはむろん〝移住〟でも〝地方〟でもなく、「自分たちが生きてゆく社会を自分たちでつくってゆくこと」だ。

・この本に登場する約10名の話は、まさにそれだったなと思う。
何名かは今もよく会う関係。何名かは人づてに近況を耳にする関係。文庫化に際して交わしたメールインタビューを少し載せてみたい。８年後のいま、彼らはどんな景色の中を歩いているのか。

塚原俊也さん〔宮城・栗駒高原〕

塚原さんは今も宮城で、冒険教育や自然学校の仕事をしている。あの頃２人だったご家族は、お子さんも生まれて5人家族に。本文に出てくる河北の拠点は、ちょうど昨年、２０１８年度で閉じたそうだ。

塚原　２０１１年11月から、復興支援チーム「リオグランデ」としてあそこで活動をつづけてきました。リオグランデはスペイン語で「大きな川」。大川小学校・中学校の地区での活動にいい名前だなと思って。
子どもの居場所づくり、夏祭りのお手伝い、ボランティア滞在の拠点提供などつづけながら、少しずつ活動を収束させてきた。大川小学校が他校と合併したり。震災当時の小学生が中学生以上になって世代も一回りした。約7年半。役目を終えたと判断して、拠点での活動は昨年解散させたんです。

当初は、中学3年生が成人するまでの5年間のプロジェクトとして考えていたので、十分活動できたと思っています。

嬉しい知らせは、あの頃「将来、地域のことを映画にしたい」と話していた中学生の一人が映画学部の学生になり、卒業制作の一環で震災当時の映画を撮ったこと。先日クランクアップして秋以降に上映予定。私たちもエキストラで出演させてもらいました。

――「成人するまでの5年間」というのは、具体的な対象がいた?

塚原　来ていた子どもたちの中に、とくに支援したかった4人の中学生がいました。彼女たちは津波で弟や妹、友人を失っていた。

親御さんは大川小学校の出来事を伝えるため、わが子を失った大変な時期に、新聞やテレビの取材を自宅で受け入れていた。映画学部に進学した子の家はとくに大変で、取材陣が毎日のように夜遅くまで家に来ていたんです。彼女にしてみたら、我が家のようで我が

家でないような期間がつづいたと思う。

学習会に集まって机を囲んでいる当時14、15歳の彼女たちの背中を見ながら、この子たちが自分たちの地域について自立的に考えられるようになるまで支援しよう、と。目安は「成人するまで」かな。5年間は短すぎず長すぎない、程よいスタンスかなと思った。

私たちは遠くない市町村の住民だから、細く長くかかわれそうだったし。実際にはもう少し長くなりましたけど。

――「栗駒で半独立しようか」(P42)のその後は?

塚原 半独立しました。耕英地区で「くりこま高原自然学校」や、個人事業主としての仕事をしています。

栗駒山から沿岸部エリアを意識したエコツアーを展開できればと考えている。東北の山・川・海と、人の暮らしが織りなす魅力を体験プログラムで、地域の物語として提供したい。

あと少しですが、出身地の神奈川県藤沢市への興味が湧いていて。多拠点で面白いことできたらいいなあ、とも思っています。

川北ありさん［千葉・土気］

彼は南三陸・荒砥での活動（「でくのぼー」）を終え、今は千葉の自宅に戻って不動産屋を開業。見た目は若々しいが、近年お孫さんにも恵まれた幸せなお爺ちゃんでもある。

川北　2011年8月末で「でくのぼー」を終え、後始末をして9月20日に帰宅。

2012年は南相馬市の人々と「みんな共和国」という、子どもの遊び場や活動をつくった。2013年は福島市で「ロメオパラディッソ」という男33人の劇団を旗揚げ。秋に1300人の前で公演して、今も地元のキャストが活動している。

2014年には千葉に戻って、イキ場のない若者と、ご機嫌な暮らしをつくる活動「NOCA」を始めた。

――NOCAって？

川北　裁判所や、養護施設や、少年院から送り出された行き場のないやつらが、ある有機農家さんの家に住み込みながら野菜や家や仕事やご飯をつくっていた、居場所のような家族のようなもの。すぐに自分の行き先を見つけるやつもいれば、何度も帰ってくるやつ、ずっといるやつもいて。

いわゆる社会に適応する人間にするんでなく、下手くそでも「自分の足で生きていける」と感じられる場所であれたらと思ってやってました。30人ぐらいが暮らして卒業していったけどね。

そのNOCAは2017年に閉じ、不動産の資格をとって「LOCA」を始めた。一拠点でなく、面で世の中を温かくしたいと思って。

——復興支援は引き際が難しいと思うけど、どんなふうに？

川北 「8月末に終える」と宣言して始めたから、最初に決まっていて。最後の頃は参加メンバーそれぞれの進路相談をしていた。

——「どこで生きてゆくか」「だれと生きてゆくか」「なにをして生きてゆくか」。この三つを並べた時、今どれにいちばんウェイト（重心）がある？

川北　風来坊なので、「どこで」は「辿り着いた場所で」という感じやけど、今は自宅兼事務所を起点に声が掛かったところへ出向いてゆくスタイルが心地いい。

「だれと」という意味でいうと、「照美（妻）と」になる。夫婦という小さいユニットで仕事も暮らしもする。というのがグルッと回ってしっくり来ている感じ。前は、仕事は仕事のパートナーや仲間と、暮らしは家族とって感じだったけど、不動産屋を始めてから少しずつ手伝ってもらっています。

妻のそばにいられるのが心地いいのかも。この辺のことにいま結構興味がある。

「こんな世界がええなー」という妄想はあるにせよ、目標もビジョンも計画もあんまりなく、行き当たりばったりで生きてます。昔はもう少し「なにをするか」に重きがあったようでいて、それは「なに」というより「どう見られるか」みたいなことやったようにも思う。

緊急出動の要請があればサッと動いて、そこに全身全霊を向けられる生き方をしたい。そういう時に力を出せている感じがあるからやと思うけれど、逆に言うと出番がない方が世の中は平和なので、そういう時はのんびり過ごしていたいなと。

本を読み返してみると、イキってるね（笑）。

——どういう意味？

川北　これは大阪弁か。「調子に乗ってる」とか「いい調子」って意味。人から言われる時はあまりいい意味じゃないんやけど、自分で言う分には悪い意味でもなかったりする。人生100年時代のちょうど折り返しで「不動産」というシゴトに出会ったことで、大きな川の流れに乗っている気がしています。なにがあっても結局「場」や「暮らし」にかかわっている。そこが面白いと思えてる今はご機嫌やなと。

有り難いことに南三陸の漁師からは、毎年ウニや牡蠣やワカメが送られてくる。それに対するバシッとしたお返しがうまく見つからないのが悩みの種で。でもそれぞれの活動を一緒にした仲間とは、ホンマに家族や親戚みたいな心持ちでおれるのは幸せですね。

柴田道文さん［宮城・登米］

柴田さんは登米の田園風景の中で、接骨院を軸に今もカフェを経営。仲間たちと、今年11年目になる「森波《しんぱ》」という音楽イベントもオーガナイズしている。

——その後の概況は？

柴田　いろんなことが、というか誤魔化していたことが顕在化した、とは言えると思います。卑近なことで言えば、自分がやってきた事業やイベントの持続性がやっぱり危ういなとか。震災前までは勢いで乗り切っていたものが、そんな状況ではなくなったんだと思います。

また、震災前はネットの可能性をすごく肯定的に捉えていたし、ネットこそが、ローカルに居てもなにかを実現してくれる世界だと信じ切っていた。ふりかえればそんな牧歌的な状況は長つづきせず、ご存じのように荒廃した言論空間になってしまいました。

その特異性は利用すべきものだし、生活になくてはならないのは確かだけど、ネットがお花畑でなかったのは間違いない。

そんな状況下で震災後に取り組んだのは、身も蓋もありませんが、事業の健全化であったり、リアルな人間関係の再構築だったと思います。

事業を法人化したり、いろんな人に会って話をする、とにかく飲み会を増やすみたいなことに気づかされた。それが今少しづつではありますが形になってきた側面もあります。(笑)。もうほんと振り出しに戻るというより、実はスタートラインにも立っていなかった「これでもう10年いけるかも」程度のことですが。

なのでもし震災がなければ、自分がそれまでやっていたことは間違いなく破綻していたと思います。

——若い農家(櫻井さん)たちとの動きは?

柴田　櫻井にも同じような問題意識があったかと思います。彼はその後、キャベツ中心の大規模農家になりました。今はそのビジネスの成就に心血を注いでいるようです。当時は一緒に新しい試みを模索していましたが、今ではまったく交わることが無くなってしまいました。

――「自分の好きなミュージシャンに来てもらって楽しんでいるだけじゃ、上の世代が演歌歌手招致して喜んでるのと変わらない(笑)」。「個々のパワーアップがないと、最終的に単なる村社会のようになってしまう」(P93)「(自立的で自由な)人間同士が集まった時、はじめてなにかできるんじゃないか」(P92)など、読み返すと、自分にも刺さるものがあります。

柴田「自立した個人が連帯しない限りなにも生まれない」ということは、今も感じています。なにをやるにしても、それがないと即座に立ちゆかなくなると思う。

地方においてはとくに、かと思います。自治体の財政は破綻寸前と言われていたり、30年前は沢山あった大手企業の工場は皆無で、復興系の公共事業は頭打ち。地域コミュニティは形骸化し、頼りたくても頼れるものがない中で、いまだにその亡霊を追っかけているような言説が散見されます。

とはいえ、じゃあ私自身事業主として、この激しい高齢化と人口減少の地域でなにができるのか。正直、途方に暮れる時が多い。

高齢化率40％前後の地で「地方だからこその可能性」とか「地方の時代」なんて、口が裂けても言えません。これはシニシズムでもなく、分析を試みるまでもなく、現実だと思います。人口4000人の、超高齢化している東北の集落にいて、その現状に対する私なりの回答はいまだ持ち合わせておりません。もしかして解はないのかもしれないと思ったりもします。

もし可能性が残されているとすれば、話が戻りますが、持てるさまざまな人的資産やネットワークを駆使して、自分の資本で、自分の責任で、やれるとこまでやるっていう、かなり強烈な個人が乱立することではないかと思います。

――個人から始まる話だけど、個人で完結する話ではないですよね。

柴田　そう思います。

力みまくってやっていた頃は「なんでわかってくれないの？」「マジこのままじゃダメじゃん！」と苛立っていたし、地域で浮いてばかりいたと思う。それはそうで、その土地に無かったモノ、コトをいきなり導入したって拒絶されるのは当たり前だし、迷惑な話だと思います。

ですけれど、力み疲れてクタクタになった頃に、思ってもいなかった角度からフォロワーや同志が現れたりする。今はそうした人たちと面白い話ができるようになった。無駄にポジティブでもないビジョンも、語り合えるようになってきました。

柏﨑未来さん［岩手・釜石］

柏﨑さんはインタビューの翌年、2012年の4月に、同じく釜石生まれの若者と共同で「一般社団法人 三陸ひとつなぎ自然学校」を設立した。

柏﨑　自然学校で私は主に「放課後子ども教室（地元の小学生の放課後の居場所づくり）」や、釜石の人・自然・文化を活かした「さんつなくらぶ」という体験プログラムをしています。

また、その子たちが「やってみたい」活動のサポートをしています。

大事にしているのは「釜石の魅力的な人や自然、文化に出会い、気づくことで、地元に愛着を持つ子どもを育てる」こと。

自分自身がここを好きでも嫌いでもなかった理由は、釜石の魅力に気づくきっかけが少なかったからだと感じている。だからこそ気づくきっかけをつくっていきたい。「子どもたちに、自分たちのまちを誇りに思ってもらえるように」というところは、今も活動の原点になっています。

——お婆ちゃん含め、ご家族はお元気ですか？

柏崎　両親が2015年に家を建てて、そこに家族3人で住んでいます。祖母は本家で元気に暮らしている。今もとても元気です。

小正月に行う「きらずだんご」づくりは、都合がつく限り手伝いに行っています。みんなでわいわい、もくもくと団子をコロコロしてつくる作業はとても楽しいし、いつもはニコニコしている祖母がいつになく真剣で、そして生き生きしている姿を見るのが孫としてはなによりも嬉しい。

粉や砂糖の量は祖母の「いい按配」加減で、私はまだつくれそうにありません（笑）。でもこれからもこの時間を大事にしていきたい。

——土地の魅力は、都会に行った同級生にも？

柏崎　SNSでつながっている子だけですが、少しは伝えられていると思います。お盆で集まった時「あれはどこの川なの？　行ってみたい！」と言われたのは嬉しかった。

復興していく新しいまちを見るとわくわくしますが、それと同時に、昔の面影を忘れていく悲しさがこみ上げてきます。また、3月11日が近づくたびに気持ちは暗くなります。どこかで災害が起きるたびに心が痛みます。

でも震災があったらからいま私はこの場所でこの仕事をして、いろんな出会いや経験をさせてもらっている。震災後、避難所で出会った女の子が大きく成長しています。これは私の誇りです。

＊注　柏﨑さんは二つの新聞記事を送ってくれました。「姉妹のように、2人で歩んだ」朝日新聞（2019年3月7日）と「居場所の大切さ確認」毎日新聞（2019年3月31日）。ウェブで検索してみて下さい。

徳吉英一郎さん［岩手・遠野］

この本の2年後、徳吉さんが馬といる現場「クイーンズメドウ・カントリーハウス」を舞台の一つとする『ひとの居場所をつくる』という本を書いた。以来たびたび通う関係になったので、彼とはよくお会いしている。僕が書くのもなんですが、お元気です。

——当時中学生だった娘さんは？

徳吉 成人して遠野を離れ、学生生活を送っています。馬とかかわる暮らしはしていないけど動物や森や生き物が好きで、今は自然科学の勉強をしている。たまに帰ってくると前と同じように裸馬に乗って、馬と遊んでいる。

——徳吉さんと馬のかかわりの、その後の変化は？

徳吉 馬との関係について「引き算していく」こと、「やることを減らして、やらないことを増やす」作業を反復してきたように思います。

たとえば応答関係の構築については、まだなにかを相手に求めていたところがあったように思うのですが、応答があったりなかったりの余白も悪くない。余白の部分から思いがけない信頼関係が生まれることもあるなあ、というところも面白く思えるようになったかな。

――「馬とのパイプをもっと太くしていくことに時間とエネルギーを」「それは自分の役目かな」（P126）は？

徳吉　相手に役目を求めないとか、相手を道具のように扱わないとか、目的を優先させることで相手や環境を手段化しない、というようなことを馬との関係についてもできればいいなと思い、彼らと日々を過ごしてきました。

大袈裟に言えば、人と環境を含む関係のあり方をめぐる試みです。それを、滞在する人たちと共有する時間を持とうと。

馬を利用したいとか、役立てたいとか、それぞれの考えがあると思いますが、ここではなおいっそう利用価値や存在意義や、人の発明した概念から遠ざかるような馬たちであればいいし、それを具体的な暮らしとして、仲間とつづけることができればと思っています。

矢吹史子さん［秋田］

矢吹さんとはもう数年お会いしていない。が、元気な様子は感じていた。全国のローカルメディアの先駆的存在となった、秋田県の季刊誌『のんびり』の制作に夢中だと、人づてに聞いていた。

矢吹　2012年から『のんびり』の編集に携わらせてもらい、2014年に「のんびり合同会社」を起業。『のんびり』は2016年3月で一時休刊して、現在は秋田県発行のウェブマガジン「なんも大学」の編集や、その他イベントの企画運営、商品開発事業に携わっています。

――グラフィックデザインはつづけている?

矢吹　個人のデザイン業務は、『のんびり』を始めた時ほとんどをやめました。今は編集が生業です。

――「日曜はしご市」は?

矢吹　いまもつづいていて、今年10年目に入りました。一度も休まず開催しています。私のかかわり方は、とくに『のんびり』が始まってからは消極的にせざるを得ない時期もあって、やめようかと思ったこともありましたが、参加店のみなさんの後押しもあり、良い形でつづけることができています。

入れ替わりはあるものの参加店も増えているし、「はしご市」があることで、それぞれの店舗にやりがいが生まれている感じ。発起人は私だけど、もはや参加店みんなのイベントに成長していると思います。

――秋田への肯定感、近所の楽しさ、仲間たちと培っている自信の最前線は?

矢吹　近所に感じる楽しさは当時と変わってきているかも。かつての「近い仲間」は、私にとって「自分を守ってくれるもの」だったのかもしれません。「なにかあったら頼ればいい」という甘えが、そこにはあったと思います。

西村さんのインタビューの後にこの土地から離れていった人も沢山いましたし、私が

『のんびり』に必死すぎたせいで、秋田に居ながらにして距離が生じてしまった人も多く、半ば強制的に自分の足で立たなければならなくなった。そのことが自分を強くしてくれたようにも感じます。考えや行動に自分自身で責任をとることは、仲間との距離感の変化を通じて学んだことです。

最近はそんな状況も一周し、かつての仲間に触れる機会も増えてきていて。その温かさには心から感謝している。

――『のんびり』への参画は、矢吹さんにとって大きな出来事だったろうなと、遠くから思っていました。

矢吹　正直いま思うと、インタビューの頃、デザインをしていることは腑に落ちていなかったんだと思います。「肯定しなきゃ」と思って肯定的に話していたと思う。デザインが好きだからこそ、自分の実力で超えられない壁がわかってしまっていたし。近所の人たちとの楽しい距離感も、飽和状態のように感じていたし。「秋田ではここまでしかできない」と土地のせいにしていたところもあって、正直どこへ進んだらよいかわからずにいました。

そんな私の迷走ぶりをみて、笹尾さんから「やってみない?」と声をかけてもらったのが『のんびり』でした。

「ここで変わらなければ」と思い切って、デザインの仕事もプライベートもすべて投げ打って飛び込んでみた世界で、まったく経験したことのない「編集」という業務をすることになって。


始めた頃の原動力は、やはり「自分の肯定のため」だったと思います。でもその中でさまざまな人に会い、特集のその先で、人やまちが動き出す姿にも立ち会ってきた。

そうしていくうちに原動力は、自分自身の肯定感への求めから、秋田や、同じように地方で暮らす人々が肯定感を感じられるように…というものに変わっていったように思います。

笹尾千草さん［東京・根津］

笹尾さんは、今は東京で旦那さんと暮らしている。

インタビューは交わさなかったが、「美術施工、作品制作、修復などをするスタジオのコーディネーターの仕事をしています」というお返事をいただいた。

短いメールのやり取りの中に、東京にいながら、秋田の仲間たちの存在を心強く感じている様子がうかがえました。

酒井咲帆さん［福岡・薬院伊福町］

以前から「保育園をひらいてみたい」と話していた酒井さんは、約1年前、福岡市内に保育園を開園。今は写真館（アルバス）と保育園の両方を手がけている。

先日訪ねてみると、隣接する公園がまるで園庭のようで驚いた。彼女たちが建てたと思われる小屋の類がいくつかあり、さらに保育園として借りている建物から、公道を介さず直接公園に出入りできるデッキ状の通路もある。

「これ大丈夫なの？」と訊くと（近隣の住民さんや行政から問題視されない？という心配）、公園が以前は薄暗く雰囲気の悪い場所だったこともあって、むしろ手が入った今の状態を周囲の住民さんには好意的に見てもらえているという。

別の場所でつづいていた地域の人たちの朝の体操も、最近はここで開かれるようになったそうだ。

訪ねた時間帯は夕暮れどきだった。しばらく眺めていると小学校帰りの子どもたちが何人か来た。ランドセルを木の根元に置いて、ブランコに乗り、咲帆さんたちが建てた小屋でも少し遊んで。しばらくすると今度は中学生の男子3人が来て、乗って来た自転車にスプレーで塗装をしている。

そんななんでもない夕方の情景の横に彼女たちの保育園があり、公園の植え込みに拓かれた小さな菜園も見える。都市の中に、まだこんな隙間が生まれ得るんだなあ。

酒井　昨年（2018）「いふくまち保育園」を開園。アルバスのほうは今年4月で10周年を迎えました。

会社全体ではスタッフが16名増えて、スタッフが結婚したり、私自身にも子どもが2人生まれたりと変化がある中で、社会の歪みを感じたり、躓《つまず》くことも多くなったり、ただ漠然と一所懸命にやるだけでは生きていけないんだ、と気づかされた数年でした。もっと賢くならなければならないと。

保育園の立ち上げと同時に、会社の仕組みをあらためて整えて、働きやすい環境をつく

ることを意識しています。会社や個人でどうにもならないことは、政治にも目を向けながら、小さい声でも発信することを大事にしている。

保育園があることで、子どもたちが目の前にいる環境が生まれていて、大人として「どうあるべきか」を常に具体的に考えられるのが、私にとって、今を生きる力になっているかも。

——写真ページの海沿いのまちにはその後も通っている？

酒井　氷見には2013年以来通えていないけど、子どもが生まれた子もいて、元気にしているという便りをもらっている。自費出版の写真集をみんなに届けに行ったのが最後です。

あの頃は「会いたい×撮りたい」気持ちでしたが、今は撮ることを職業にしてしまったので、「会いたい」と「撮りたい」がうまく結びつかないというか。「通うことが撮ることみたいになるのは嫌だなぁ」と思っていたら行けなくなってしまって。当時のような気持ちでいれなくなった自分にも少し寂しさがあるのかも。

でもこんなふうに書きながら、やっぱり行きたくなってきました。久しぶりに行ってみようかな。

――なぜ「保育園」だった?

酒井　「アルバス」でカメラマンをして沢山の家族に出会った。でも撮影だと1年に1度しか子どもたちに会えなくて、毎回会うたび「成長したね〜」とこちらは嬉しく思っても、子どもたちはあまり覚えてなかったりして。関係が途切れてしまうのを残念に思っていました。

　できれば毎日会って関係を持ちたい。いつでも帰ってこれる場所をつくりたい。子どもたちに信頼してもらえる大人になりたい。他人の家族同士でも支え合いたい。

　それでいちばん近い道を探すと「保育園」という場が見えて。今は企業主導型保育園という形で、内閣府の補助金をもらって運営している。

　運営してみて、外からは見えなかった保育園の存在の大きさを実感しています。子育てに迷う保護者と一緒に悩みながら、伴走できる居場所であること。なにか困ったことがあれば逃げ込める場所であること。虐待から小さないのちを守る役割を担えること。

　他にも地域の防災・防犯を考えたり。私たちの保育園の特徴としては隣にある公園を管理しながら、地域と行政のハブになれたりと、運営している中で、さまざまな役割に成り代わっている気がする。日々勉強中です。

田北雅裕さん［福岡］

田北さんは今も福岡で暮らし、九州大学で教えている。大学に軸足を置きながら、あらかじめあったわけでもなさそうなプロジェクトが彼のまわりでいくつも生まれている。

本には「〝これをやりたい〟というものがあるわけじゃない」「自分の幸せを考えたこともない」という言葉が残っているが、それらはもちろん空虚さではないし、忙しさも「出会った人とどう生きてゆくかという」彼のあり方の結果なんだろう。

年に何度かお会いする機会がある。Twitter越しに観ていると、この数週間は佐賀の豪雨災害の現場にくり返し足を運んでいるようだ。かかわりあいの線が多く大変そうではあるけど、豊かだなと思う。

田北　インタビュー当時はあの3年後、契約が切れる2014年に大学を離れる予定でしたが結局残ることになりました。それは学生の存在が大きい。僕がやっていることに関心を持ってくれる学生がいたので、つづけようと思えた。相変わらずいろいろなプロジェクトにかかわっています。

――いろいろ。

田北　大きな変化で言えば、自分の関心が〝子ども〟や〝家族〟の福祉の領域に向き始めたことですね。この4月から社会福祉士の資格取得のために学校に通い始めた。

今までは「専門性を持たない」ことを大切にしてきました。その姿勢は変わっていないんですが、この領域にかかわり始めて、「専門性を持っている」ことの必要性を痛感することが何度かあった。

僕を知らない人はこれまでの経歴を参照せざるを得ないので、「まちづくりやデザインの人が、なぜかかわっているの？」となることがあるんです。

たとえば、伴走的に相談にのっていた若者の担任の先生から、「組織対応したいので連絡をとらないでくれ」と言われたことがあって。精神面で専門的な対応が必要、との判断でした。かなり迷ったんですが、それに従うことにした。

でもその後、彼女は誰からも連絡がとれなくなって学校を辞めてしまったんです。やめた後に周囲から知らされてかなりショックでした。家庭が経済的に厳しい中、彼女の努力で入れた学校だったし。あの時「ソーシャルワーカーです」と言えていれば、と強く後悔した。

子どもや家族の領域はセンシティブな情報を扱うし、相手の人生や、いのちを左右するという意味で専門性も要求されます。それも個人でなく、みんなで支えていかなければなりません。

その際に僕という人間を理解してもらわなくてはいけないし、社会に説明できなくてはいけない。ようやく資格が要る意味に気づいた。で、チャレンジしています。

——〝親子や家族のあり方〟を実践的に模索していますね。

田北 いちばんは〝子ども〟ですね。子どもがつらい時、家族（とくに親）から逃れられない時。逃げられたり、生きることに安心や可能性を感じられる状況をつくりたい。

それでもその子にとって、親はやっぱり親なので。どんなに辛くあたられても、親に認めてもらいたかったり、親が否定されたら自分も否定される気持ちになります。

〝家族〟が素晴らしいとはまったく思っていないんですが、生まれた環境が苦しくなければそれがいちばんだと思うので、その家族を社会で（まちで）支えていける状況をつくりたい。親自身も苦しい子ども時代を過ごしていることはあるし、日々の支えがないがゆえに、子どもに辛く向いてしまうことがあるので。

――杖立温泉にはその後も通っている？

田北　はい。関係がつづいているし、月に2回くらい通っている。ルーティンとしては、2カ月に1回の朝市を、杖立のみなさんや学生と一緒に企画運営しています（杖立温泉みちくさ市）。住まいは福岡ですが、妻の実家が小国町（杖立のある町）にあるので、もう第二の故郷ですね。

星川　淳さん　［鹿児島県・屋久島］

本のインタビューの後3～4カ月ほど、屋久島の星川さんの家の隣りの（といっても森を挟んで離れた場所にある）友人の別荘を借りて暮らした。主に妻が島にいて、僕は東京から通う形。

屋久島は「一月に35日雨が降る」と表現されるところで、本当にそう。一日の中でも降ったりやんだり断続的に降りつづける。その合間の空が本当にきれいだ。大好きな場所の一つになったが、以来訪れていない。

お隣さんでもあった星川さんは、最近は「市民活動助成基金」（一般社団法人アクト・ビヨンド・トラスト）の運営で忙しくされているとも聞く。久しぶりにメールを送ってみた。

——その後の様子を教えてもらえますか。

星川　あれから8年経って変化は大きく二つあります。個人的には66歳と文字どおり「高齢者」に足が届き、とくに身体的にあちこちガタが出てきて、若い頃のようには動かないこと。

もう一つは政治的に、曲がりなりにも本格的な政権交代を果たした民主党政権が力足らずに終わり、安倍政権の一強状態が長期化して、社会の右傾化・軍国化、格差、腐敗、差別的言動、米国追従がレッドゾーンまで進んだことです。

こうした状況に自分の限られたエネルギーと時間をどう活かすことが、自他を含んで世界のためになるのか、これまで以上に選択肢を絞り込んで考えるようになった。

――「こんな状況の中で生きるのはおかしい」、という社会への感覚は。

星川　日本の病理はいっそう深まっていますよね。原発事故への対処にしても、被災者ケアをはじめ、旧ソ連のチェルノブイリ事故対応よりはるかにひどい面がいろいろ見えてしまった。

原発と核技術を手放さないために「放射能被害はない」という結論ありきで、情報の操作・隠蔽をつづけています。安倍政権のもと、これが政府・官僚機構の全体を蝕んで、ほとんど発展途上国の独裁体制並みに落ちぶれつつあるのが日本の現在地です。

だからといって、お手軽なシニシズムや諦めは病理の一部にしかなりません。現状もまた日本の素顔であるなら、そこから出発して、自分たちが希望を持てる方向に創り変えていくこと。それが今を生きる者の責任であり、喜びでしょう。

――「日本人の生き方やアイデンティティが変質してゆく時代に入ったんじゃないか」(P254)という見立ては、今どんな感じですか?

星川　たとえば「LGBT」や「#MeToo」をめぐる動きを見ても、3・11以前と比べると、固まっていたものがかなり溶けて、流動的に多様になってきたと思います。一方で「自分が誰だかよくわからない」「どこに属するのか定かでない」という不安から、単なる所与条件の一つにすぎない「日本人」にしがみつき、排外的・排他的なナショナリズムに走る病理も進んでいますね。

でも人類進化の必然として、藩を「くに」として殺し合っていたところから「日本」という国民国家の段階へ至ったように、次は国境を越えた「地球人」の意識が育たざるを得ない。なので、劣等感の裏返しであるナショナリズムへの退行は、部分的・一時的なものだと思います。

――このインタビューの日、最初のほうでは「思考に縛られずに動く」ことを、最後には「場所に深く根ざして生きてゆく」ことを示唆している（P268）。前者は動くこと、後者は根ざすことを指していて戸惑う人もいるかも。星川さんの中で、この二つのあり方はどう調和しているんだろう。

星川　「思考に縛られずに動く」ことは、必ずしも物理的な移動を意味するとは限りません。自由に想像（イマジン）することが鍵です。

一方「場所に根ざして生きる」ことも、縁のある複数の場所がベースになったり、「場所」がアジアや地球であったり、柔軟でいいと思います。

ただ僕みたいに都会で生まれ育った人間が、都市とは違う、生命の息吹を直に感じられる場所で一定期間過ごす経験は、自分や世界を再認識するための良薬になるでしょうね。

あとがきにくわえて

星川さんの返信にあった「都市とは違う、生命の息吹を直に感じられる場所で一定期間過ごす経験」について。

それはコスタリカの密林の奥であるとか、雲海を見下ろす北アルプスの稜線、見渡す限り陸地の見えない南洋で、ただ自然の時間の流れの中に身を置いてみると、おそらくわかりやすい。

大貫妙子さんは昔「サバンナに正月はない」みたいな表現をしていたっけ。虚構とまで呼ぶのは憚られるが、人間がつくり上げた「社会」の足元に広がる自然基盤がよく感じられる場所に身を置いてみると、わたしたち人間がいろんな不安を感じたり、関係に悩んだりしている「社会」とは違う位相の世界が常にあって、社会の側に一種の幻想性があることは考えるまでもなくわかる。

またその自然界には、「いい・悪い」「正しい・間違っている」といった評価性は一切なくて、ただ「生きている」ことと「変化してゆく」ことしかないのもわかる。

大自然の中へ出かけるまでもない。ベランダに立っても、見上げれば世界の半分は空で、太陽の光はただ暖かい。

それを捉える感性と技術があれば都市も大自然の真っ只中だし、さらに言えば〝身体〟という自然界が個々人の居場所としてあって、そこにもただ「生きている」ことと「変化してゆく」ことだけがある。

「都市とは違う、生命の息吹を直に感じられる場所」は、つまり最も身近なところにあって、一定期間どころか年がら年中そこにいるのに、生きていることがその事実から遠ざかってしまうのは一体どういうことなんだろう。

と書くと「養老孟司さんの唯脳論でも読んでみては？」と言う声が脳の中から聞こえてくるのだけど、ここでは別の人の話を聞いてみたいと思う。

豊嶋秀樹さん。大阪のデザイン集団「graf」の創設メンバーの一人で、アーティストとの共同制作プロジェクトを数多く担当した。

草間彌生さんとの仕事や、奈良美智さんと手がけた弘前の「A to Z」展、それにつづけて世界各地の美術館で行われた展示制作が、彼のgraf時代の代表的な仕事だ。

豊嶋さんは、2009年に奈良県立図書情報館で開催した「自分の仕事を考える3日間」というイベントに話し手の一人として来てくれた。

彼はその場で、10年以上働いてきたgrafをあと数カ月で離れようと思っていると語り、実際にアートプロジェクトをともにしていたメンバー数名と辞めて「gm projects」という有機的な活動体をつくった。それらの話は『自分の仕事を考える3日間』(弘文堂)と『なんのための仕事?』(河出書房新社)でも読める。

とてもチャーミングな人で、ときどき会いながら、いろんな人が彼のまわりで嬉しそうにすごしている姿を目にしてきた。

その魅力は変わらないが、彼自身はここ数年暮らし方やあり方を急変させている。食生活は、動物性のものを摂らないベジタリアンのそれに。

山登りを始め、住まいを東京から福岡に移し、格安物件を購入。DIYで修繕して月々の家賃がない生活環境を整え、より山登りを楽しめる身体を求めてトレーニングが日常化し、その先でテレマークスキーの世界へ。

毎年冬場の2~3カ月は北海道・羊蹄山の裾野の友人宅に居候して、家賃代わりに食事係など担いながら、合間に誰もいないバックカントリーの雪原を滑り降りている。ある人が聞き手を務めたインタビューにこんな言葉が載っていた。

トレイルカルチャー・ウェブマガジン「TRAILS」記事
「そこに山があったからだ。～Because It's There～ #02 豊嶋秀樹」
取材／写真／文：三田正明　2015.07.24より部分抜粋

〝ある時友達と「南アルプスを全部歩こうぜ」って話になって、しかも10月末から11月にかけての小屋の開いてない時期に、無補給で聖岳の方から入って北岳に抜ける計画だったんで、荷物が35キロくらいになったんですね。

（中略）

自分なりの装備のあり方もできてきて、でもこれ以上長い距離や時間を歩くのはこの方法論では無理だっていうのに出くわして、なにか違う方法論が必要だなって思っていたんです。〟

〝僕にとってUL（注「ウルトラライト・ハイキング」：登山装備の超軽量化。2000年代に入りムーブメント化した）で衝撃的だったのは、「軽い方が楽」とか、「軽い方が楽しい」とか、あたり前のことを合理的に追求しているとこで、じゃあ道具を入れ替えてみ

ようってことになったんです。

（中略）

ＵＬの考え方とか方法論って、仕事や生活のなかのいろんなものに当て嵌《は》められるんじゃないかなって思ったんですよ。

（中略）

山登りって、自分が背負えるものしか持って歩けないじゃないですか。それってむちゃくちゃシンプルな事実っていうか、超お金持ちだからってメルセデス・ベンツ担いで持って行くわけにはいかないわけで。

（中略）

自分が持って歩けるものしか持って行けない。だから持って行くものをひとつひとつ「これいるの？　いらないの？」って考えているうちに、これってそのまま自分の生活とか仕事とか、なんにでも当て嵌めることができるなあと思って。「なんとなくこれも持っていた方がいいのかな？」とか、「なんとなくこの仕事やっておいた方がいいのかな」っていうのが減りましたよね。〟

〝食生活にしてもいまはベジタリアンなんですけれど、そういう食生活で体もすっきりして、健康診断の数値もめちゃくちゃ良くなって、いろんな病気があるからわからないけどいわゆる生活習慣病にはかかりにくくなったとすれば、医療費少なくなるでしょ。それで医療費稼がなくてよいとなればさらに仕事しなくて済むやんって、またそこに繋がってくるんですけど（笑）。健康でいたら働く時間を減らせるっていうロジック。（中略）働き過ぎずにいると健康管理ができて、健康管理できるとあまり働かずに済むっていう連鎖に気づいたというかね。〟

先ほど川北さんとのメールインタビューで、「どこで、だれと、なにを？」という問いを投げた。この三つのどれに軸足を置いて生きているか。

僕の場合、20代から30代は「なにを」が主たる悩みの種で、わからない自分に自信を持てなかったり、小さなアイデアは無数にあって逆に持て余したりしていた。

その後ある程度自分の考えを具体化できたことや、ひとの話の聞き方の変化も手伝って、30代から40代は「だれと」に軸が移り、自分がやりたいことより、出会ったひととなにができるかを感じたり考えてそれを形にしてゆく仕事が増えた。

40代から50代は『いま、地方で生きるということ』に書かれているとおり「どこで」問題がいよいよ差し迫って、家を借りた山あいのまちで、そこでできる仕事に、新しい仲間たちと日々取り組んでいる。

こうして振り返ると、いつの間にか「どこで、だれと、なにを」が統合されているようで少しほっとするのだけど、最近はその中で、あらためて「なにを」を探り直している感じだ。

その探索を頭でするのか、身体を通してするのか。その統合は頭で行われるのか、身体で行われるのか。

両方なんでしょうね。

先日ひさしぶりに豊嶋さんに会い、先の引用「健康を管理できるとあまり働かずに済む連鎖」のつづきを聞いた。

お金を持っていることが、力を持っていることになる世の中で、多くの人がお金を求めている。そのお金には際限なく増える性質があって、求めにも際限がない。

人が欲しているのはある種の「効力」だと思う。その効力の及ぶ範囲を、世界全体にひろげたい人がいたり、国だったり、地域だったり、本人の器に応じた欲求があるだろう。

でもそれをいちばん小さな単位で考えると、身体であり、心であり、健康という「力」になる。

豊嶋さんとのやり取りを、この文庫版の最後に置いてみたい。

2019年7月4日［東京・水道橋］

豊嶋秀樹さん
「かかわる度合いがめちゃくちゃ大きくて達成されること」

——読んだ？（『いま、地方で生きるということ』）

豊嶋　うん。時期的に震災色が強いですよね。「地方で」というより「震災後のみんなの動き」という印象が大きかったな。僕は最後の屋久島の話にグッとくるものがあった。

——それは？

豊嶋　幸せについて話しているのかなって。「普通にそこで生きて幸福」というか。最近自分の中に〝欲望〟と〝恐怖〟と、あと〝幸福になるためには〟というキーワードがあって、その3つが三角形を描いているんです。並列ではなくて〝欲望〟と〝恐怖〟は常にセット。あとそこから出てくる〝幸福〟の度合い、みたいなものがある。

あとがきにお金の話も出てくるけど、ここのところ自分はまぁまぁ実験生活を送っていて。どんだけ少ない収入でも、普通の社会生活を送りつつ世捨て人にならず、「でも別にこれでいいよな」と感じて暮らしていけるのかなって。嫁と二人の生活だけど。で、使えるお金が少なくても結構満足できる、と思えるようになってきていて。

——なってきて。

豊嶋 それは福岡に引っ越して、そこで中古マンションを買ってしまったことがいちばん大きなスイッチを入れていて。

2009年に大阪から移ってしばらく東京にいたけど、フリーランスでクリエイティブ系の仕事をしている人があそこで家持ちになるのって、結構ハードルが高い。そもそもローンも組みにくいし。だから「家賃を払いつづける生活が当たり前」とどこかで思っていたけど、福岡に来て住宅を買ったら、いきなりその部分がガサーッとなくなって。

これは現代の日本社会で生きていく上で大きなスイッチなんだな。「不動産問題、結構でかい」と実感して、そこからもう一度暮らしを取り戻すというか。それまでは仕事自体が楽しくて、そっちばっかりやっていたけど。

「住む場所は東京じゃなくていいよな」とは前々から考えていた。山登りをしたいので山梨がいいかもとか。スキーがしたいから北海道がいいかもとか。

――あの頃、もう登り始めていたんだ。

豊嶋　うん。山梨では知り合いが「この家に住んだら？」とかいろいろ教えてくれて。一緒に仕事をした元郵便局長さんも「この土地いけるぞ」「ここはたぶんただで住める」とあちこち案内してくれたり、かなり具体的にリサーチしていた。

北海道でもスキー仲間に、千歳空港の近くで、ちょっとぐらいの雪でも行ける場所はどうだろうって。仕事柄、移動が多いのでそんな相談をして。「北広島とか南千歳がいいんじゃない？」と、ちょっと物件も見たり。

いよいよ決めようと思っていたら「豊嶋さん。自分が住みたいところでなく、パートナー（奥さん）の住みたいところに住んで、そこからウロウロしたほうがいいわ」って、それまで来い来い言っていた山梨の人から急にそう言われた。

でもまぁ確かにそうやなと思って。妻も一緒に探していたけど、そう言えば聞いていなかったかもなと。

直球で「住みたいとこある？」と訊いたら「別にないけど、北九州出身やから福岡には憧れてる」みたいな話になって。「福岡にする？」と訊くと、「そんなんでもいいんやったら住んでみたい」と。で、3カ月後には引っ越した。

——まずは借家に入ったの？

豊嶋　入っていないんです。まず一度下見に行ったけど、8月のメチャクチャ暑い時で。不動産屋さん回るの嫌になって、すぐ糸島の芥屋のほうに海水浴に行って（笑）。「なんかこのへんいいな」と。

で、不動産屋さんをのぞいたけどあまり空き物件がない。マンションやアパートはあるけど「戸建てでスッと入れるのはなかなかないねぇ」って。そのあたりが人気がある、というのも初めて知って。

「とりあえずは福岡市内のマンション暮らしかな」と言いながら警固の不動産屋さんに入ったら、売買物件のファイルがあった。そこに100何万とか書かれている物件があって驚いて。「これ頭金ですか？」と尋ねたら「いやいや（その額）。古いけどね」と。

――公団の払い下げ？

豊嶋　そう。荒江団地よりもっと遠い高速道路の外側の分譲物件で、約50平米で100万円ぐらい。内見して、ちょっと遠いなと思った。けど俺がどうこうじゃなくて妻が決めたほうがいいわと思って訊いてみたら、「動物園に近くてクライミングのジムにも近い。こっちの物件がいい」というのがあって。

内見したら水回りは最近やり替えてる感じで、管理組合もしっかりしていそうだった。部屋はよくこんなに汚くしたなっていうぐらいボロボロやったけど、そこは仕事柄ある程度きれいにできると思ったので、「じゃあここでいいんじゃない？」って。

予算をちょっと超えていたから、いろいろお金をかき集めなあかんねと。420万ぐらいでキャッシュで買って。昔から仕事を一緒にしてた二人に「ちょっと手伝って」と。

――世界各地の美術館に行ってたメンバーだ。

豊嶋　そう。「いいッスよ！」と来てもらい、解体に10日間ぐらい、つくるのに2週間ぐらい。正月またいで2期に分けて、ペンキ塗りとかはみんなの嫁さんにも来てもらって。最後「ありがとう!」って、大きな車で別府旅行に連れていって(笑)。
だから改装費はたぶん50~60万。そのうちの半分がフローリング。

――安いな。

豊嶋 うん。それでも間取りも変えたし、キッチンの横にカウンターつくったり。今も売る気バリバリというか。弘前の知り合いの不動産屋さんに訊いてみたら「その区で一番安い物件なら変に値下がりしない。必ず売れるから大丈夫」と言ってもらった。「福岡市内にずっとはいない」と思ったんです。糸島に住みたかったから、あくまでも仮住まいだと。自分たちのエゴは出さず新婚夫婦が好きそうな仕上げにして(笑)。

――今も糸島に越してみたい?

豊嶋 実はそこに住み始めて1年ぐらいのある朝、なんでかわからないけどネットで「糸島、土地」とか検索したら250坪・250万円の土地があって。「坪1万は安すぎひんか?」と電話してみたら、「そうなんです(その値段なんです)。内見できますよ」と言われたから見に行った。

たぶんカリフォルニアに留学していた頃の影響で「海が見えるところに住みたい」気持ちがどっかにあって。50メートルとか100メートルぐらいの、潮目が見えるぐらいの高さから海を眺めて老後を過ごしたい、みたいな（笑）。最終的にそういうところで海見て過ごしたいなという気持ちがずっとどっかにあって。妻にもそういう話をしてて。「でもそういうところって、なかなか住むところではないから、本気では考えてないねんけど」と言いながら見に行ったら、「えっ！　ここ、その言ってたやつじゃないの？」っていうぐらい、海が見下ろせて、別荘地なので道もついてて。ちょっと伐れば、沈んでゆく夕陽も見える感じで。

それでもう一度トレッキングシューズに雨合羽で固めて、薮の中に「突進します！」みたいな。不動産屋さんのおばさんに「大丈夫ですか？」と言われながら入ってみたら、薮は道路沿いだけでその奥は下草もなくて。地形もよく見えて。

もともとその敷地は、国立公園法かなんかで建坪率15％ぐらい。これは小っちゃい建物なら大丈夫じゃない？　と。で、最後ほんまに残ってるお金かき集めて、買っちゃおうかって、買ったんですよ。

――はあ！

豊嶋　でも有り金は全部はたいてしまったから「もう自分で建てるしかないな」と本気で思って。そのまま4年ぐらい経った。まだ具体的になにもしてなくて。

そしたらこの前、不動産屋のおばさんから「もしもし、お久しぶりです」と電話がかかってきて。「あの土地どうしてるんですか？」と。「まだ放置状態で」と言ったら、いま隣の土地を見に来てる人がいてると。海外の人やからもうちょっと大きい感じで欲しいみたいだと。

「手放すつもりはないんですか？」「もう少し値段上でもいいと思うんですけど」と言ってきた。「一つ隣りにも土地があって、そっちもいま買える感じになってきてるけど、どうですか？」とか、いろんな動く話をしてきて。

それで妻と「せっかく買ったんだし、とりあえず使ってみようよ」と話して、今度キャンプに行く（笑）。「違うな」と思えば売ればいいけど、単に買っただけでなにもしていないまま売るっていうのは意味がない感じがするから。

——なにをしているのか、わからなくなるよね。

豊嶋　そうそう。そのおばさんの電話が僕のリスタートのスイッチということにして、やり出すことにしようかって。

——確かめてみる。

豊嶋　そう。どこでもいいんですよね僕は。住むとこ。

フィジカルを触っていったほうが

豊嶋　結構どこでもいいなと思ってて。とくに最近。山関係の仕事で日本全国23カ所でイベントをしたんです。

山好きの人たちと各地で一緒に登ったり話したりしていたら、西村さんも書いていたけど日本全国よくて。どこにもそこなりの味わいと風土があって、そこなりのコミュニティがあって。となると「なにか縁かゆかりがあるところがいいな」と逆に思い始めて。

妻には実家が近いほうがよかったり、僕の仕事の移動が多い感じはもうちょっとつづく気もするから、そういうところがいいんやろうなって。その土地を買ったのも、たぶんなんかのご縁なんやろうし、そこをなんとかしたほうがとりあえずはいいんじゃないかと思ってる。というのがいま現在の話。

――豊嶋さんたちの前線。

豊嶋 そこに建てるのかどうかもわからないし、建てたとしても、そこが終の棲家になるかどうかも怪しいなって。

――もうちょっと詳しく。

豊嶋 マイホームというか、そういう場所をしっかり……自分の終の棲家というか、そんなもの本当に欲しいと思ってたんか？ という気持ちもある。

単に自然に近い、海が見えるところで寝れたら、それだけで満足してた。テントでもいいしキャンピングカーでしばらくそこにいるとか。本当はそれだけでも満足できるレベルの話なのかもしれん。「ここに住みたい」とか「ここでなんとかしたい」という気持ちって、意外と自分は強くないのかも。

――〝欲望〟の話か。その欲がなかったのかも。

豊嶋　全然なかった。そういうのに憧れてんのかな、と思っていたんです。「ここに住む」というあり方に。

自分が放浪的なので、たとえば地域ならではの農業を営んでいる人だとか、かなり根付かないとできないところまでやっている人に尊敬と憧れがあった。そういう人に各地で会えば会うほどそう思うことが多かったけど、でも自分はそういうタイプでないなというのは知っていて。

福岡でそういう場所をつくったらいいんかなと思っていたけど、そこにこだわらなくてもいいのかなって、最近思っています。

――「ウルトラライト」との出会いも大きいのかな？

豊嶋　それよりもたぶん、ベジタリアン（菜食主義）になったことのほうが大きい気がしてて。「食べる」って、かなり根本的で根源的な欲望だと思うんですけど。

以前は飲むのも好きだったし、「美味いもん食いたい」とかそういう判断でしか食べ物を選んでいなかったけど、本当にひょんなことで菜食が始まって。食べることそのものに対する意識の傾け方もすごく変わっていったし。勉強するのも楽しくなって。ベジタリアンの他にもいろんな食養法があるじゃないですか。そういうのも興味本位で試しているうちに、「この感じが自分には合っているかも」という食事法に今のところ出会えていて。友だちと焼き鳥屋さんにも行くけど、基本的に肉はまったく食べていない。たまに卵や乳製品も食べるけど、自分でつくる時はほぼビーガン。

野菜やったらなんでもいいんかなというと、「やっぱり朝採れの野菜って美味しいんだな」と思ったり、「無農薬ってどういうこと?」とか、そういうのもちょいちょい勉強したり。

そうやって自分の身体に働きかけたのは初めてだったと思う。

身体はいのちの源みたいなものだと思うけど。食べるものを選ぶとか、食べ方とか、そういうことでそこに働きかけたのは初めてで。

そこからいろんなものに伝播していって。たとえば「呼吸」。呼吸法なんてまったく意識したことなかったけど、運動でも山登りでも呼吸は重要やし、クライミングではさらに大事なんですけど。それで呼吸法の本を読んでやってみたり。そういうのを独学で探っていくのが楽しくなって。

かねてから興味のあった「瞑想」にも行ってみようと思い、京都のヴィパッサナー瞑想センターに行った。まだよくわからんけど楽しいなと思ったし、そこでの時間は気持ちよかったなと思ったりもして。

そんなふうにフィジカル（身体的）なことに意識が移ってきて。メンタルがどうのこうの言うよりフィジカルを触っていったほうがいいなぁと思っていて、結構メンタル放置みたいな感じ。

——フィジカルをケアして。

豊嶋　そう。身体をケアしとけば大丈夫、みたいな感じがあって。

ベジタリアンになって8年目だけど併行して山登りも本格化した。引っ越しも含め、この10年で全部つながってワーッと起こっていった。同じ人間だけど、ゴローンと玉全体が転がったような感覚がある。

大学時代を過ごした西海岸の影響も大きいなと最近思う。あの空気には、いまも色濃く影響を受けていて。カリフォルニア。とくにサンフランシスコには、91〜92年頃すでにベジタリアンの人がいっぱいいて。どこのレストランに行っても、学校の食堂にもベジタリアンメニューがあったし。スーパーもすべて量り売りで、「Rainbow Grocery」っていうオーガニックストアーも当時からあった。で「むっちゃかっこいいな」と思っていたけど、まだ20歳になる直前やったんで「いや、肉食いたい」「ハンバーガー食いたい」という自分も強かった。値段もちょっと高いから、仕送りしてもらってる身分でビーガンとかリアルフードというか自然食品屋で買う判断はなかったので、普通の安いスーパーに行ってたんですけど。

その時にカリフォルニアで吸った空気が、いまようやく呼吸として始まっている感じがしてて。あの時はよくわからなくてワーッと過ごしてたけど。サーフィンも、山歩きも、瞑想も、実はあの時代に出会っていたものを順番に消化しているというか。あの時自分が見たものや感じたことをトレースしてるんじゃないかな。20年以上の時間差があったけど。

——菜食のきっかけは？

豊嶋　妻のお姉さんに子どもができて、彼女が「ちょっとお手伝いしに行く」と数日間、北九州に帰ったんですね。
　その時に、なんでかわからないけど「今日は肉・魚抜きのベジタリアンになってみよう」と思った。それまで肉・魚大好きで、そういうのがないと絶対嫌と思っていたから、ちょっとした恐怖もあったんです。

――たかが一食。

豊嶋　だけど「そんなんで俺、満足できんのかな?」「できんかったらどうしよう」と。でもやってみたらまったく問題ない。その日は普通にすごせて、「あれ?」と。「ヘルシーデイやったな」と思って。
「じゃあ明日も」と2日目になり、3日目になり。妻が帰ってきて、「ベジタリアンみたいな感じやってるんだけど」と言ったら「えーっ!」と(笑)。「ちょっとこのままやってみようか」とヘルシーウィークになり、そこからもうずっと。妻も「うーん。じゃあ……」と言いながらちょっと一緒にやっていたけど「合わない!」とすぐやめた。僕はそこからずーっとつづいて。

——動物愛護や環境問題の観点から動物性タンパク質を摂らない食生活を始める人もいると思うけど、そういうのじゃないんだ。

豊嶋　そういうのじゃない。急に始まったんですよね。順番に並べると、「山登り」「ベジタリアン」そして「ウルトラライト」。身体が面白くなってきて、いろいろやってみようとなっていった。

——最初に話していた〝欲望〟と〝恐怖〟の、いま欲の話だよね。「肉は要らない」とか。まぁ美味しいもの食べたいっていうのはあるんでしょうけど。

豊嶋　うん。

——美味しさの種類が変わってきたり。

豊嶋　変わってきたね。

興味が取ってくるもの

豊嶋　いろいろ具体的に変わった。たとえば福岡に引っ越しますとか。車を軽自動車に変えるとか。自分の維持費を下げてみよう、というアイデアの実践が生活ですでに始まっていて。生活コストを減らすことで、より多く自由な時間を持てるから、仕事も減らせるし、楽しいし、料理や勉強にもっと時間を使えるという。

良いスパイラルを生むためには「自分のコストを下げないとダメだ」と思ったのと、遂行品を最小限にして軽量化することで、山歩きが楽しいものに変わってゆくウルトラライトの方法論は、パラレルに刺激し合っている。

ただベジタリアンは、方法論というより直接的に身体を変えていくことなので、少し違う感じがある。

——毎日くり返している行為の再構築は、本人の人生に対する影響が大きいなと思う。もっとも日常的で意識化されにくいのが「呼吸」だよね。していない人はいない。あと「睡眠」と「食べる」こと。そして「きく」こと。そういう基盤にあたる部分が変わってゆくと。

豊嶋　連鎖していきますよね。前から自炊は好きだったけど、料理もどんどんはまっていって。

友だちから「南インド料理ってベジタリアンだよ」と聞いて、南インド料理屋さんに行ってみたら本当にそうで。自分でもつくるようになって。インドにクライミングの聖地があって全世界から集まってくるんだけど、そこに行ったついでに、南インドで料理教室に通ったり。

第二のベジタリアンの波は台湾です。「素食」と書くんだけどそういうレストランが台北には何千軒とあって、食べに行くのも面白い。大豆ミートみたいなもどき料理がいっぱいあるんです。で、食材を買ってきて家でつくったり。そういう感じで料理にはまっていく。

南インド料理はバナナの葉っぱの上で食べる。あれをしてみたくなって家でバナナを育てたけど、それは全滅した（笑）。でもそうしていたら植物に興味が出てきて。日本では生で手に入らないカレーリーフの苗をネットで売ってるのを見つけて、今ベランダで育てていたり。

さっき動物愛護の話も出たけど、そっちの気持ちにも興味がわいてくるというか。もともと妻が動物好きというのもあって、自分はあまり興味なかったけど一緒に動物園へ見に行ったり。彼女のお父さんの趣味がバードウォッチングで、そんなん全然するタイプじゃなかったけど、双眼鏡を借りて野鳥観察に行ったり。マンションの裏が山なので、朝すごく鳥が鳴くんです。「あの声は?」とか興味がわいてきて。

そういうのが全部つながっていく。それが面白い。興味が勝手に次に向かうから。

興味が取ってくるものって、自分に関係しているんですよね。それがつながって、ある頃に自分の中で一つのコンセプトのように身になって。できたもんが、また次の興味にワーッとつながって。

フィジカルをケアしておけばいいと言ったのは、物事に反応する自分自身が変わっていくから。たとえば健康になると気分がいいから、またジョギングやろうかなって気になったり。みんながやってるヨガってなんなんやろうって。ちょっとやってみようかなとか。フィジカルを変えることで勝手に始まっていく感じがしてて。

「ヨガをして健康になろう」じゃなくて、健康になってきたらそういうことが勝手に始まっていく。

——欲あるじゃんと思いながら聞くこともできるんだけど、欲とはちょっと違って、豊嶋さんの言葉だと「興味」あるいは「関心」か。

豊嶋　そういう感じがしますね。

——interest。

豊嶋　うん。別にそれでシェフになりたいわけじゃない。レストラン開きたいとかそういうことではなくて。

自分が食べる料理を自分でつくれるのはいいな、と思うとか。新しい習慣を取り入れていく感覚にすごく近くて。山を歩くのもウルトラライトも、方法と習慣を一つ手に入れたような感覚があるんです。

今まであまり海に注目していなかったけど、サーフィンも始めてみたら「海ってこんなにきれいかったんや」と気づいて、海にも興味が出てきてこの前は水族館に行った。それはタダ券もらったからだけど（笑）。そういうのがどんどん転がっていく。

――生まれ直してるような感じだね。

豊嶋　自分の内側を見るにはそのほうが早道だと、最近は思う。

――やりたいことを考えるより。

豊嶋　情報を外に求めなくても、興味がわくことを調べてみるとか、そういうことをやってるだけでそれがどんどんつながって展開していくから。なんか素直にサーフィン頑張ってたらいいんやろうなって（笑）。

それをやってみたら、また違うことが始まるんですよね。

――展開していく。

豊嶋　意思はそんなに強く持っていないんですけど。

豊嶋　サーフィンは宮崎まで下道で行ってるんです。高速代が往復のガソリン代と同じくらいになる。それなら下道で2回行くほうがいい。でも行って帰って5時間かかるから、日帰りとかしんどいので、行く時は3日間くらい行くようにしてる。

下道だから「寄り道」が流行っていて。石仏見に行ったり、滝見に行ったり。この本読んでいたから杖立温泉にも寄ってみたり。噂にたがわぬうらぶれ感があったな（笑）。そういうのは高速道路で行っていたらできない。でも毎日が仕事仕事仕事やと、その3日間の確保はたぶん無理で、1日で行って乗って早く帰ってこざるを得ない。

――豊嶋さんの〝恐怖〟もうかがってみたい。

豊嶋　自分もたまにイライラする時があるんです。怒ったり。妻とも喧嘩になったり。結構強く意見を言う時もあるんだけど、そういうのは全部、自分を守ろうとしているんですよね。

――ディフェンス（防衛）？

豊嶋　そう思えてきて。相手に言われることで自分のなにかを崩されるとか、怯えとか。そういうのがあるんじゃないかってある頃から思うようになった。で、苛立ったり怒りを感じたりした時「これは意見の違いでなく、自分の恐怖心からきてるんだ」と踏まえると、また別のリアクションができるように思えてきた。

――相手に向かうベクトルを、一度自分に戻せるようになった。

豊嶋　自分が「チッ」となっても、その場であまりリアクションしなくていい。相手をやり込める必要もなくて。「あ、そこ嫌なんだ」と発見する。それはごくごく最近思うようになって。

恐怖があるからなにかで固めたくなる。防御するというか。でもその恐怖にちゃんと向き合えば、固める必要がなくなってくる気がしてて。

たとえば「ちゃんとした家に住まないとダメだ」とか、「立派な仕事をして、それなりの収入を得ないと幸せな家庭は築けない」とか思って生きていると、仕事がなくなった瞬間にものすごい恐怖が押し寄せてくると思うんです。

でも、もともとの幸せ像を、そんなにお金のかからないものとして捉えられていたら。そんなに仕事がバリバリ安定したものでなくても、必要最低限の収入がはっきりと数字でわかっていて、それを得られるものにしておくことができれば、恐怖を取り除くこともできる。方法として。

「そんなん綱渡りの人生や」と言われるけど。

——言われる?

豊嶋　たまにね(笑)。「すげぇ綱渡り感あるねぇ」と言われるし、確かにそうやけど「綱渡りの練習すればいいんや」という考え方もあるなと。

サーカスの綱渡りの人ってそんな簡単に落ちないと思うんですよ。危ない時のかわし方もあるはず。その一方、こんなところで落ちるわけないと思うような幅の広いところでコケて落ちる人もいる。

綱渡りが怖いんじゃなくて、綱渡りをやる術を知らないから怖いだけで、それをしっか

り練習すればいいんじゃないか。それは仕事とか生活とか、あらゆる面できっとそうだという気がしていて。わかります？（笑）

――わかるつもりです（笑）。僕はロッククライミングも野外活動も豊嶋さんほどしていないけど、なんだろうな……ここまで話してくれたことは、豊嶋さんが全部「自分」に戻していっている。他の誰かや、なにかのせいにしたり、あるいは寄りかからなくて済むようになっていってる。本当にいろんなものがポータブルに、自分と一緒に持ち運び可能になってきているんだなあと。

この本で塚原さんが「冒険教育」の話を聞かせてくれるところがあるじゃない？〝成長とは、自分が安心していられる空間が広がってゆくこと〟。あの話とも重なるなと思いながら聞いています。

豊嶋　そういうことかも。

――塚原さんも「クライミングはいい」と話していたな。とにかく自分で選択をつづけないといけないし、後戻りしにくいのがいいんだって。

豊嶋　そうですね（笑）。

――あと自然が相手だと言い訳がきかない。他人のせいにできないものに全力で向かってゆくことの良さを話してくれた。自然は僕らを評価しないじゃない？　人目を気にしてどうこうでなく、自力展開できるのもいいんだろうな。

豊嶋さんのここ数年。いや『自分の仕事を考える3日間』のフォーラムが２００９年だから10年か。grafを離れたあの頃からの旅ですね。

豊嶋　うん。当時と比べると、細胞がぜんぶ入れ替わっている感覚がある。圧倒的にいまの方がいい。

――別のインタビューで「10年前の自分は今の自分がわかっていなかったのだから、わからない先のことを今考えても無駄」とも話していましたね。

豊嶋　精度の問題があるなと思っていて。５年後の自分を考えるより、１年後とか１カ月後ぐらいの自分に向かって、今やることをやっていくほうが精度が高い。４年後のほうが５年後の自分を想像しやすいわけで、今５年後を扱わなくてもいいやろと。

今、今、今、今がつながっていくぐらいがいいんだろうなと思っていて。

——〝欲望〟〝恐怖〟。あと〝幸福になるためには〟という話も聞かせてほしい。

豊嶋　それはまだ本当に勉強中でわかっていない。

…アウトドアでも多いんだけど「めっちゃ、今ここにいるっていうのは素晴らしいな！」という時が、たまにあるんですよ。

たとえば誰もいない雪山で、北アルプスでいえば雲ノ平《くものだいら》とかに近いところまで歩いていって、バックカントリーの雪原が広がっていて。「これはお金払ったからってないよな」と。いいガイドをつけたからってこの天気にあたるわけじゃないし、ガイドさんはこんなところに絶対連れてこないやろうし。そんなところにポツンと一人でいて止まっている。行動をとっているのは自分で、リスクも自分でとりながらやっていて。「今日この星空か！」みたいな。

めちゃくちゃいい雪の時、すごくいい滑りでそこを降りてこれた時も。毎日行っているからできることで、たまたまツアーに参加したって無理な話。技術も伴っていないとダメ。

そういう「買えないもの」が、アウトドアの時間の中にはいっぱい出てきて。

――「商品」にならないもの。

豊嶋 それに対して、自分をだいぶ近づけていかないとダメなもの。サーフィンでも今の自分ではチューブライドは無理で、もっともっと練習して、しかもそういう波が立つ時に居合わせないと無理。しかも来た波を絶対ものにしないと起こり得ない。

そういうのって、自分のかかわる度合いがめちゃくちゃ大きくて達成されることじゃないですか。そういうところに一つ鍵はあるよなと思う。もし幸福になりたければ、そんなふうにかかわっていくことなんやろうなと思っていて。

「幸せ」の見積り

豊嶋 いま喋りながら思ったのは、〝欲望〟にもさっき僕が言ったように買えないものがある。でも買い物とか消費とか、お金で解決できることもいっぱいあって。今の世の中では、そっちが欲望の大きな処理の仕方になっていると思うんです。〝恐怖〟も一緒やなと。こういう保険に入りますとか、いっぱい貯金しますとか、こういう家具こういう車、子どもたちはこういう学校に入れたいとか。そういうのを全部、欲も恐怖もお金で解決していく構造があると思うんです。サービスもたくさんある。

けど「高すぎる」、というのが僕がすごく感じていることで。「幸せの見積もり」というか。空港のテレビで住宅メーカーのコマーシャルが流れているのを見て、「でもこれめっちゃお金かかるよな」と思った。家も高そうやし、持ってる車もいい感じのプチ外車やし、旦那さんもいいスーツ着てて、奥さんも子どもたちも家にいるのにすごいきれいな格好で(笑)。

もしこれが「幸せだ」と刷り込まれたら、そしてこれを「達成したい」と思ったら何億円か要る。すごいお金のかかる幸せ像やなと思って。自分にも刷り込まれているところはあると思う。

あれを実現するとなったら、やっぱりすごく収入の高い暮らしを目指さないと難しい。なおかつもしあれを幸せだと思ってしまうと、テレビを見ている僕らの今の暮らしって、たぶんそれより差し引き劣っていると思うんです。比べると常にマイナス印象しか受けら

れない。現状に満足しにくい。やっぱり「あそこまで行きたい」気持ちにどうしてもなるというか。

駅前にはぼこぼこタワーマンションが建つし。「ああいうの買いたい」「住みたい」と思い始めたら、そういう収入の仕事を手に入れないとまずは無理だっていうことになるやろうし。

なんかね、売りつけられている幸せが高すぎる。

神奈川の私鉄沿線に住んでいた頃があって。その鉄道の関連会社で働いている人がたぶん多い世界で、その電鉄で通勤して、その不動産会社で家買って、そのスーパーで食材買って。会社から給料でもらったお金を全部会社に返してるんやと思って。たくさんの人に働いてもらってお金を払うけど、回収する仕組みがすごくきれいにできあがっている。

それと違うサイクルで生きることを考えたほうがいいんじゃないかな、というのは、方法としてよく思うんです。

——おそらく日本自体がそうつくられているので。

豊嶋　うん。でも山の奥に入るとそういうの関係なくなる。

――今日豊嶋さんが聞かせてくれた話は、日本のどこで暮らすとかそういう話でなく、自分の身体や心といった身近な場所でより生きてゆけるようになった、という話ですね。

豊嶋　そうなるように頑張っている。そっちに目を向け始めたとか、聞き始めたような感じですね。そこを手入れしていくほうが効果的、かつ合理的だと思っているんです。すごく（笑）。

この作品は二〇一一年八月にミシマ社より刊行されたものを文庫化にあたり増補加筆したものです。

アーキテクチャの生態系　濱野智史
2ちゃんねる、ニコニコ動画、初音ミク……。日本独自の進化を遂げたウェブ環境を見渡す、新世代の社会分析。待望の文庫化。（佐々木俊尚）

「居場所」のない男、「時間」がない女　水無田気流
「世界一孤独」な男たちと「時限ばかり」の女たち。全員が幸せになる策はあるか——？　社会を分断する溝に、気鋭の社会学者が向き合う。（内田良）

他人《ひと》のセックスを見ながら考えた　田房永子
人気の漫画家が、かつてエロ本ライターとして取材した風俗やAVから、テレビやアイドルに至るまで、男女の欲望と快楽を考える。（樋口毅宏）

ファッションフード、あります。　畑中三応子
ティラミス、もつ鍋、B級グルメ……激しくはやりすたりを繰り返す食べ物から日本社会の一断面を切り取った痛快な文化史。年表付。（平松洋子）

9条どうでしょう　内田樹／小田嶋隆／平川克美／町山智浩
「改憲論議」の閉塞状態を打ち破るには、「虎の尾を踏むのを恐れない」言葉の力が必要である。四人の書き手によるユニークな洞察が満載の憲法論！

反社会学講座　パオロ・マッツァリーノ
恣意的なデータを使用し、権威的な発想で人に説教する困った学問「社会学」の暴走をエンターテイメントな議論で撃つ！　真の啓蒙は笑いから。

日本の気配　増補版　武田砂鉄
「個人が物申せば社会の輪郭はボヤけない」。最新の出来事にも、解決されていない事件にも粘り強く憤る。その後の展開を大幅に増補。（中島京子）

狂い咲け、フリーダム　栗原康編
国に縛られない自由を求めて気鋭の研究者が編む。大杉栄、伊藤野枝、中浜哲、朴烈、金子文子、平岡正明、田中美津ほか。帯文＝ブレイディみかこ

花の命はノー・フューチャー　ブレイディみかこ
移民、パンク、LGBT、貧困層。地べたから見た英国社会をスカッとした笑いとともに描く。200頁分の大幅増補！　推薦文＝佐藤亜紀（栗原康）

ジンセイハ、オンガクデアル　ブレイディみかこ
貧困、差別。社会の歪みの中の「底辺託児所」シリーズ誕生。著者自身が読み返す度に初心にかえるという珠玉のエッセイを収録。

新版 思考の整理学 外山滋比古

「東大・京大で1番読まれた本」で知られる〈知のバイブル〉の増補改訂版。2009年の東京大学での講義を新収録し読みやすい活字になりました。

質問力 齋藤孝

コミュニケーション上達の秘訣は質問力にあり！ これさえ磨けば、初対面の人からも深い話が引き出せる。話題の本の、待望の文庫化。（斎藤兆史）

整体入門 野口晴哉

日本の東洋医学を代表する著者による初心者向け野口整体のポイント。体の偏りを正す基本の「活元運動」から目的別の運動まで。（伊藤桂一）

命売ります 三島由紀夫

自殺に失敗し、「命売ります。お好きな目的にお使い下さい」という突飛な広告を出した男のもとに、現われたのは？（種村季弘）

こちらあみ子 今村夏子

あみ子の純粋な行動が周囲の人々を否応なく変えていく。第26回太宰治賞、第24回三島由紀夫賞受賞作。書き下ろし「チズさん」収録。（町田康／穂村弘）

ベルリンは晴れているか 深緑野分

終戦直後のベルリンで恩人の不審死を知ったアウグステは彼の甥に訃報を届けに陽気な泥棒と旅立つ。歴史ミステリの傑作が遂に文庫化！（酒寄進一）

向田邦子ベスト・エッセイ 向田和子編 向田邦子

いまも人々に読み継がれている向田邦子。その随筆の中から、家族、食、生き物、こだわりの品、旅、仕事、私……、といったテーマで選ぶ。（角田光代）

倚りかからず 茨木のり子

もはや／いかなる権威にも倚りかかりたくはない……話題の単行本に3篇の詩を加え、高瀬省三氏の絵を添えて贈る決定版詩集。（山根基世）

るきさん 高野文子

のんびりしていてマイペース、だけどどっかヘンテコな、るきさんの日常生活って？ 独特な色使いが光るオールカラー。ポケットに一冊どうぞ。

劇画 ヒットラー 水木しげる

ドイツ民衆を熱狂させた独裁者アドルフ・ヒットラーとはどんな人間だったのか。ヒットラー誕生からその死まで、骨太な筆致で描く伝記漫画。

ねにもつタイプ　岸本佐知子

何となく気になることにこだわる、ねにもつ。思索、奇想、妄想はばたく脳内ワールドをリズミカルな名短文でつづる。第23回講談社エッセイ賞受賞。

TOKYO STYLE　都築響一

小さい部屋が、わが宇宙。ごちゃごちゃと、しかし快適に暮らす、僕らの本当のトウキョウ・スタイルはこんなものだ！　話題の写真集文庫化！

自分の仕事をつくる　西村佳哲

仕事をすることは会社に勤めること、ではない。仕事を「自分の仕事」にできた人たちに学ぶ、働き方のデザインの仕方とは。（稲本喜則）

世界がわかる宗教社会学入門　橋爪大三郎

宗教なんてうさんくさい⁉　でも宗教は文化や価値観の骨格であり、それゆえ紛争のタネにもなる。世界宗教のエッセンスがわかる充実の入門書。

ハーメルンの笛吹き男　阿部謹也

「笛吹き男」伝説の裏に隠された謎はなにか？　十三世紀ヨーロッパの小さな村で起きた事件を手がかりに中世における「差別」を解明。（石牟礼道子）

増補　日本語が亡びるとき　水村美苗

明治以来豊かな近代文学を生み出してきた日本語が、いま、大きな岐路に立っている。我々にとって言語とは何なのか。第８回小林秀雄賞受賞作に大幅増補。

子は親を救うために「心の病」になる　高橋和巳

子は親が好きだからこそ「心の病」になり、親を救おうとしている。精神科医である著者が説く、親子という「生きづらさ」の原点とその解決法。

クマにあったらどうするか　姉崎等　片山龍峯

「クマは師匠」と語り遺した狩人が、アイヌ民族の知恵と自身の経験から導き出した超実践クマ対処法。クマと人間の共存する形が見えてくる。（遠藤ケイ）

脳はなぜ「心」を作ったのか　前野隆司

「意識」とは何か。どこまでが「私」なのか。死んだら「心」はどうなるのか。――「意識」と「心」の謎に挑んだ話題の本の文庫化。（夢枕獏）

しかもフタが無い　ヨシタケシンスケ

「絵本の種」となるアイデアスケッチがそのまま本に。くすっと笑えて、なぜかほっとするイラスト集です。ヨシタケさんの「頭の中」に読者をご招待！

年収90万円でハッピーライフ　大原扁理

世界一周をしたり、隠居生活をしたり。「フツー」に進学、就職してなくても毎日は楽しい。ハッピー思考術と、大原流の衣食住で楽になる。（小島慶子）

ぼくたちは習慣で、できている。増補版　佐々木典士

先延ばししてしまうのは意志が弱いせいじゃない。良い習慣を身につけ、悪い習慣をやめるステップを55に増補。世界累計部数20万突破。（ｐｈａ）

ぼくたちに、もうモノは必要ない。増補版　佐々木典士

23カ国語で翻訳。モノを手放せば、毎日の生活も人との関係も変わる。手放す方法最終リストを大幅増補し、80のルールに！（やまぐちせいこ）

はたらかないで、たらふく食べたい　増補版　栗原康

カネ、カネ、カネの世の中で、ムダで結構。無用で上等。爆笑しながら解放される痛快社会エッセイ。文庫化にあたり50頁分増補。（早助よう子）

半農半Xという生き方【決定版】　塩見直紀

農業をやりつつ好きなことをする「半農半X」を提唱した画期的な本。就職以外の生き方、転職、移住後の生き方として。帯文＝藻谷浩介（山崎亮）

減速して自由に生きる　髙坂勝

自分の時間もなく働く人生よりも自分の店を持ち人と交流したいと開店。具体的なコツと、独立した生き方。一章分加筆。帯文＝村上龍（山田玲司）

自作の小屋で暮らそう　高村友也

好きなだけ読書したり寝たりできる。誰にも文句を言われず、毎日生活ができる。そんな場所の作り方。推薦文＝髙坂勝（かとうちあき）

ナリワイをつくる　伊藤洋志

暮らしの中で需要を見つけ月３万円の仕事を作り、それを何本か持てば生活は成り立つ。ＤＩＹ・複業・お裾分けを駆使し仲間も増える。（鷲田清一）

現実脱出論　増補版　坂口恭平

「現実」それにはバイアスがかかっている。目の前の「現実」が変わって見える本。文庫化に際し一章分「現実創造論」を書き下ろした。（安藤礼二）

自分をいかして生きる　西村佳哲

「いい仕事」には、その人の存在まるごと入ってるんじゃないか。『自分の仕事をつくる』から6年、長い手紙のような思考の記録。（平川克美）

かかわり方のまなび方　西村佳哲

「仕事」の先には必ず人が居る。自分を人を十全に活かすこと。それが「いい仕事」につながる。その方策を探った働き方研究第三弾。（向谷地生良）

人生をいじくり回してはいけない　水木しげる

水木サンが見たこの世の地獄と天国。人生、自然の流れに身を委ね、のんびり暮らそうというエッセイ。推薦文＝外山滋比古、中川翔子（大泉実成）

「ひきこもり」救出マニュアル〈実践編〉　斎藤環

「ひきこもり」治療に詳しい著者が、具体的な疑問に答えた、本当に役に立つ処方箋。理論編に続く、実践編。参考文献、「文庫版　補足と解説」を付す。

ひきこもりはなぜ「治る」のか？　斎藤環

「ひきこもり」研究の第一人者の著者が、ラカン、コフート等の精神分析理論でひきこもる人の精神病理を読み解き、家族の対応法を解説する。（井出草平）

人は変われる　高橋和巳

人は大人になった後でこそ、自分を変えられる。多くの事例をあげ「運命を変えて、どう生きるか」を考察した名著、待望の文庫化。（中江有里）

消えたい　高橋和巳

自殺欲求を「消えたい」と表現する、親から虐待された人々。彼らの育ち方、その後の人生、苦しみを丁寧にたどり、人間の幸せの意味を考える。（橋本治）

家族を亡くしたあなたに　キャサリン・M・サンダーズ　白根美保子訳

家族や大切な人を失ったあとには深い悲しみが長く続く。悲しみのプロセスを理解し乗り越えるための、思いやりにあふれたアドバイス。（中下大樹）

加害者は変われるか？　信田さよ子

家庭という密室で、DVや虐待は起きる。「普通の人」がなぜ？　加害者を正面から見つめ分析し、再発を防ぐ考察につなげた、初めての本。（牟田和恵）

パーソナリティ障害がわかる本　岡田尊司

性格は変えられる。「パーソナリティ障害」を「個性」に変えるために、本人や周囲の人がどう対応し、どう工夫したらよいかがわかる。（山登敬之）

生きるかなしみ　山田太一編

人は誰でも心の底に、様々なかなしみを抱きながら生きている。「生きるかなしみ」と真摯に直面し、人生の幅と厚みを増した先人達の諸相を読む。

ちくま文庫

増補《ぞうほ》新版《しんぱん》　いま、地方《ちほう》で生《い》きるということ

二〇一九年十二月 十 日　第一刷発行
二〇二五年 二 月二十五日　第二刷発行

著　者　西村佳哲（にしむら・よしあき）
発行者　増田健史
発行所　株式会社　筑摩書房
東京都台東区蔵前二―五―三　〒一一一―八七五五
電話番号　〇三―五六八七―二六〇一（代表）
装幀者　安野光雅
印刷所　中央精版印刷株式会社
製本所　中央精版印刷株式会社

ISBN978-4-480-43640-5 C0136